Armin Krenz

Ist mein Kind
schulfähig?

Ein Orientierungsbuch

Kösel

Mix
Produktgruppe aus vorbildlich bewirtschafteten
Wäldern und anderen kontrollierten Herkünften
www.fsc.org   Zert.-Nr. GFA-COC-1262
© 1996 Forest Stewardship Council

Verlagsgruppe Random House FSC-DEU-0100
Das für dieses Buch verwendete FSC-zertifizierte Papier
Munken Print liefert Arctic Paper Munkedals AB, Schweden.

4. Auflage 2006
Copyright © 2003 Kösel-Verlag, München,
in der Verlagsgruppe Random House GmbH
Umschlag: Elisabeth Petersen, München
Umschlagfoto: ZEFA/Masterfile
Druck und Bindung: Pustet, Regensburg
Printed in Germany
ISBN-10: 3-466-30612-4
ISBN-13: 978-3-466-30612-1

www.koesel.de

Dieses Buch widme ich allen Eltern, die ihren Kindern geholfen haben, Selbstbewusstsein und Selbstverantwortung, Interesse und Engagement, Risikofähigkeit und Mut, Leistungswillen und Einsatz zu entwickeln.

Darüber hinaus widme ich dieses Buch allen Erzieher/-innen, die sich nicht beirren lassen, Kindern in ihrer Kindergartenzeit eine aktive, lebendige, spannende, fantasiereiche und wertvolle Entwicklungszeit zu schenken.

Schließlich möchte ich das Buch auch all denjenigen Lehrkräften widmen, die es schaffen, die Kinder mit ihrem Unterricht zu faszinieren und die Schule für Kinder zu einem interessanten, wenn auch anstrengenden Erlebnis werden zu lassen.

Inhalt

Das Konzept individueller Unterschiede

Es gab einmal eine Zeit, da hatten die Tiere eine Schule. Das Curriculum bestand aus Rennen, Klettern, Fliegen und Schwimmen, und *alle* Tiere wurden in *allen* Fächern unterrichtet.

Die Ente war gut im Schwimmen; besser sogar als der Lehrer. Im Fliegen war sie durchschnittlich, aber im Rennen war sie ein besonders hoffnungsloser Fall. Da sie in diesem Fach so schlechte Noten hatte, musste sie nachsitzen und den Schwimmunterricht ausfallen lassen, um das Rennen zu üben. Das tat sie so lange, bis sie auch im Schwimmen nur noch durchschnittlich war. Durchschnittliche Noten waren aber akzeptabel, darum machte sich niemand Gedanken darum, außer: die Ente.

Der Adler wurde als Problemschüler angesehen und unnachsichtig und streng gemaßregelt, da er, obwohl er in der Kletterklasse alle anderen darin schlug, darauf bestand, seine eigene Methode anzuwenden.

Das Kaninchen war anfänglich im Laufen an der Spitze der Klasse, aber es bekam einen Nervenzusammenbruch und musste von der Schule abgehen wegen des vielen Nachhilfeunterrichts im Schwimmen.

Das Eichhörnchen war Klassenbester im Klettern, aber sein Fluglehrer ließ ihn seine Flugstunden am Boden beginnen anstatt vom Baumwipfel herunter. Es bekam Muskelkater durch Überanstrengung bei den Startübungen und immer mehr »Dreien« im Klettern und »Fünfen« im Rennen.

Die mit Sinn fürs Praktische begabten Präriehunde gaben ihre Jungen zum Dachs in die Lehre, als die Schulbehörde es ablehnte, Buddeln in das Curriculum aufzunehmen.

Am Ende des Jahres hielt ein anormaler Aal, der gut schwimmen und etwas rennen, klettern und fliegen konnte, als Schulbester die Schlussansprache.

Originalquelle unbekannt

Vorwort

»Schulfähigkeit« ist ein Begriff in der Pädagogischen Psychologie, der bei unterschiedlichen Menschen sehr unterschiedliche Reaktionen auslöst:

So gibt es Eltern, die mit Sorge und Hoffnung auf genau dieses Datum blicken, zu dem ihr Kind zur »Schuleignungsuntersuchung« gebracht werden muss. Sie fragen sich, ob ihr Kind tatsächlich »schulreif« ist oder ob das »Testverfahren« vielleicht zum Ausdruck bringt, dass ihr Kind Schwierigkeiten offenbart, die gegen eine Einschulung sprechen. Dann gibt es Eltern, die freuen sich (mit ihrem Kind?!) auf den Tag der Schuleingangsuntersuchung, weil sie es gar nicht abwarten können, ihr Kind endlich in die Schule schicken zu dürfen. Vielleicht sind sie froh darüber, dass ihr Kind nun endlich etwas lernt, vielleicht erfüllt sie dieser Tag mit Stolz, weil ihr Kind seine Fähigkeiten gut unter Beweis stellen kann. Es gibt aber auch Eltern, die am liebsten diesen Tag hinausschieben würden, in der Angst, ihr Kind könne in einem so großen Sozialsystem wie der Schule »unter die Räder« kommen und darunter leiden. Andere Eltern wiederum wünschen sich für ihr Kind einfach eine Verlängerung ihrer Kindheit, im Rückblick darauf, wie wohl sich ihr Kind im Kindergarten gefühlt hat.

Bei den Erzieher(n)/-innen löst der Tag der Schuleingangsuntersuchung ebenfalls ganz unterschiedliche Reaktionen aus.

Die einen arbeiten sehr gut mit dem schulärztlichen Dienst und den Grundschulen zusammen und haben daher gerne ihre Berichte/Gutachten über die Schulfähigkeit der Kinder geschrieben, in der Gewissheit, dass ihre Aussagen in den Konferenzen ernst genommen werden und den entscheidenden Ausschlag geben, wie der weitere Entwicklungsweg der Kinder aussehen soll. Andere stehen diesem Termin skeptisch gegenüber. Sie haben die Erfahrung gemacht, dass der schulärztliche Dienst und/oder die zuständige Grundschule keinen Wert auf ihre Einschätzungen legen. Sie fühlen sich gering geschätzt und bei dieser wichtigen Frage ausgegrenzt. Manche Erzieher/-innen würden diesen Tag der Schuleingangsuntersuchung am liebsten aus dem Kalender streichen, weil sie wissen, was da alles auf sie zukommt: Die Eltern bitten um Einzelgespräche und sind teilweise offen für den fachlichen Rat, die fachliche Einschätzung der Erzieher/-innen, andere Eltern »lassen ihren Dampf ab« und beklagen sich darüber, dass der Kindergarten ihre Kinder nicht gut auf die Schule vorbereitet habe.

Manche Lehrer/-innen aus den Grundschulen sind gespannt, welche Kinder neu in die Schule aufgenommen werden, andere Lehrer/-innen denken mit Sorge an die letzte Einschulung zurück, hat sie ihnen doch viele Kinder zugewiesen, die ein »stark erwartungswidriges« Verhalten gezeigt haben und einen geregelten Unterricht kaum zuließen. Dann gibt es Lehrer/-innen, die darauf hoffen, dass Kinder aus bestimmten Kindergärten möglichst zahlreich angemeldet und aufgenommen werden, weil sie schon »gezielt auf die Schule vorbereitet wurden«, andere Kindergärten dagegen »immer noch ganz viel mit den Kindern spielen«, sodass ihnen »jeder Ernst für die Schule fehlt«. Gerade mit Erzieher(n)/-innen aus »diesen« Kindergärten gibt es häufig Diskussionen, die nicht selten eher auf eine Beziehungsauseinandersetzung als auf eine inhaltliche Klärung von Fragen ausgerichtet sind.

Viele Rektoren von Grundschulen und Personen des schulärztlichen Dienstes wissen häufig über die jahrzehntelange Frage Bescheid, ob und wie man Schulfähigkeit »messen« sollte, suchen dabei nach neuen Ansätzen oder haben inzwischen eine Lösung gefunden, diese neuen Wege zu gehen. Dann gibt es andere Rektoren und Schulärzt(e)/-innen, die bleiben konstant bei einem Verfahren, das sich ihrer Einschätzung nach seit Jahrzehnten bewährt hat, und verstehen »die ganze Aufregung um den Begriff der Schulreife« gar nicht.

Weiterhin finden in nahezu allen Bundesländern Tagungen, Symposien und Fortbildungsveranstaltungen zum Thema statt, in denen sehr unterschiedliche Meinungen und Einschätzungen aufeinander prallen, wo Schulfähigkeit unter ganz verschiedenen Aspekten betrachtet und auf sehr unterschiedliche Art definiert wird.

Last, not least unternehmen Bildungspolitiker/-innen immer wieder neue Versuche, diesen Begriff der Schulfähigkeit neu zu bestimmen, in der Gewissheit, dass nun endlich »der Stein des Weisen« gefunden wurde.

Kaum ein anderes Wort aus der Pädagogischen Psychologie erfährt so viel Beachtung, wird so kontrovers diskutiert und ist seit vielen Jahrzehnten so aktuell. Schon vor fast 80 Jahren schrieb Penning in seinem Werk *Das Problem der Schulreife in historischer und sachlicher Darstellung*, »daß eine eindeutige, für alle Kinder verbindliche zeitliche Festlegung der Schulreife gar nicht möglich ist«. (Leipzig 1926, S. 10) Lotte Schenk-Danzinger kritisiert, dass das Konstrukt Schulreife aus einer Zeit stammt, »in der die Veränderungen im Laufe der Kindheit und Jugend fast ausschließlich als Reifungsphänomene aufgefaßt wurden« (in: »Schuleintrittsalter. Schulfähigkeit und Lesereife«, in: *Deutscher Bildungsrat*, Band 7, Stuttgart 1969, S. 9), und Hildegard Hetzer konstatiert, dass alle Kinder, die körperlich »schulreif« sind, die Kleinkindform überschritten haben und daher auf jeden Fall stets »schulreif« sind. So verfügen sie über die Fähigkeit, »sich in Gemeinschaft Gleichaltriger durch planmäßige Arbeit traditionelle Kulturgüter anzueignen«. (In: *Die seelischen Veränderungen des Kindes bei dem ersten Gestaltswandel*, Leipzig 1963, S. 40.)

Augustin Kern kommt vor fast 50 Jahren zu dem Schluss: »Jedes Kind, extrem schwache Begabung einmal ausgenommen, erreicht im Laufe seiner Entwicklung einmal die Entwicklungsphase, der jenes Leistungsgefüge zugeordnet ist, das als Voraussetzung für ein erfolgreiches Durchlaufen der Schule angesetzt werden muß. Das eine Kind kommt lediglich früher, das andere später zu diesem Entwicklungspunkt. Daraus würde sich also ergeben: Wenn wir mit der Einschulung eines Kindes warteten, bis es den geforderten Entwicklungspunkt erreicht hätte, dann wäre jedem Kind ein relativ leichtes und erfolgreiches Beschreiten und Durchschreiten der Schulbahn möglich.« (In: »Schulreife und Schulleistung«, in: *Westermanns Pädagogische Beiträge*, 1954, Heft 2, S. 67) Der Deutsche Ausschuß für das Erziehungs- und Bildungswesen bringt es in seinen *Empfehlungen und Gutachten* 1953–1965 kürzer und anders auf den Punkt: »Die Entscheidung darüber, wann ein Kind für die Arbeit in der Schule reif ist, hängt davon ab, wie der Anfangsunterricht in der Schule erteilt wird.« (Stuttgart 1966, S. 42)

Im Jahr 1987 vertieften die beiden Autoren Ursula und Peter Lauster das Durcheinander zur Begriffsbestimmung noch, als sie ein Buch mit dem Titel *Der Schulreifetest* veröffentlichten und im Vorwort folgende Sätze schrieben: »Dieses Schulreifetestheft möchte Ihnen bei der Entscheidung (zur Frage der Schulfähigkeit) ein wenig behilflich sein. Mit Hilfe des Tests können Sie allerdings nur den geistigen Entwicklungsstand Ihres Kindes überprüfen, nicht aber seine ›Gesamtreife‹. Die gesamte Schulreife umfaßt den körperlichen, seelischen, sozialen und geistigen Reifegrad eines Kindes. ›Schulreif‹ ist Ihr Kind erst dann, wenn es die notwendige Gesamtreife zur Einschulung mitbringt und damit gewährleistet ist, daß es den notwendigen Anforderungen der Grundschule gewachsen ist.« (München 1987, S. 6). Um es noch einmal zu sagen: Das Buch trägt den Titel *Der Schulreifetest*!

Und schließlich wird das Chaos perfekt, wenn Professor Gerhard Witzlack, ein bekannter Wissenschaftler, der sich seit langer Zeit schon mit dem Thema der *Schulfähigkeit* auseinander setzt, sich in der Form äußert, er sei ernsthaft am Überlegen, ob er den Begriff der Schulfähigkeit für sich persönlich nicht radikal streichen solle. Der Begriff würde überhaupt nicht weiterhelfen, vor allem dem Kind nicht gerecht werden. Er verführe dazu, Schablonen anzulegen und eine viel zu frühe Auslese zu betreiben. Nach seiner Überzeugung sei jedes Kind schulfähig. Es sei an der Schule, unter Beweis zu stellen, dass sie kindfähig sei. Es gehe darum, Konzepte zu entwickeln, damit der Schule dies gelinge. Nicht in die Ausfeilung des Begriffs »Schulfähigkeit« sei geistig zu investieren, sondern in flexible, kindgerechte Formen des Schulalltags. (Vgl. Thüringer Sozialakademie Jena [Hrsg.]: *Was heißt hier schulfähig?* Dokumentation einer Fachtagung am 2./3. Juli 1999, Jena 1999)

Aktuelle Forderungen gleichen bestimmten Aussagen früherer Jahrzehnte, die gleichzeitig in sich widersprüchlicher nicht sein könnten. Wenn es sich dabei nicht um ein so wichtiges Thema handeln würde, könnten Vergleiche der Aussagen zum Schmunzeln, aber auch zum Kopfschütteln verleiten. Umso wichtiger erscheint daher dieses Buch!

Es kann sein, dass einige Leser/-innen sich in dem, was sie in den folgenden Kapiteln zur Kenntnis nehmen, bestätigt fühlen. Möglich ist aber auch, dass andere Leser/-innen bestimmte Aussagen als Provokation erleben und vielleicht geneigt sind, eine Gegenrede anzustimmen. Das alles bleibt bei einem solch kontrovers diskutierten Thema nicht aus.

So wünscht der Autor allen, die sich nun auf die Reise in ein »widersprüchliches Land« begeben, viele interessante Erkenntnisse und Freude, sich mit dem spannenden Thema »Schulfähigkeit« auseinander zu setzen. Sollten Fragen aufkommen, die nicht in diesem Buch beantwortet werden, können Sie sich auch persönlich an den Autor wenden:

Dr. Armin Krenz
c/o Institut für angewandte Psychologie & Pädagogik
Legienstr. 16
24103 Kiel
www.ifap-kiel.de/krenz

Der »Countdown« beginnt immer früher

»Was tun Sie«, wurde Herr K. gefragt,
wenn Sie einen Menschen lieben?«
»Ich mache einen Entwurf von ihm«, sagte Herr K.,
»und sorge dafür, dass er ihm ähnlich wird.«
»Wer, der Entwurf?«
»Nein«, sagte Herr K., »der Mensch!«

(Bertolt Brecht)

Vor einigen Jahrzehnten war es mit der Einschulung eines Kindes noch recht einfach. Es gab einen jährlich festgelegten Stichtag, an dem die Kinder, die nun schulpflichtig waren, zur Einschulung angemeldet wurden. Es folgte eine Untersuchung durch einen beauftragten (Schul-)Arzt und gleichzeitig wurde eine Überprüfung der »Schulreife« vorgenommen, meist durch den Rektor der Grundschule, in manchen Fällen auch durch bestimmte Lehrkräfte der entsprechenden Grundschule oder – seltener – durch den (Schul-)Arzt selbst. Die Kinder wurden zum anberaumten Termin gebracht, die Eltern warteten vor der Tür des Untersuchungszimmers und im Anschluss an den »Test« wurde den Eltern das Ergebnis mitgeteilt, ob das Kind nun eingeschult werden sollte/konnte oder ob eine Rückstellung angezeigt war.

Vor allem aber galt bis dahin eine unausgesprochene Regel: Die Kindergarten- oder häusliche Zeit war der Zeitraum zum Spielen und Kind-Sein. Mit dem Beginn der Einschulung begann der »Ernst des Lebens«. Diesem neuen Lebensabschnitt folgte ein weiterer (der Übertritt zur Realschule oder zum Gymnasium beziehungsweise der Besuch der Hauptschule), die Konfirmation bei den »Evangelen« läutete wiederum einen neuen Lebensabschnitt ein, es folgte der Schulabschluss, die Berufsausbildung beziehungsweise das Studium und der Beruf selbst.

War für viele Eltern die Zeit des Kindergartens vor allem eine Zeit, in der sie ihre Kinder gut aufgehoben wissen wollten, in der sie »spielen und basteln« konnten, in der kleinere und größere Ausflüge unternommen wurden, in der die Kinder Lieder lernten und kleinere Aufführungen probten, so waren die Eltern davon überzeugt, dass »die Schule noch früh genug kommt« und die Kinder ihre Kindheit möglichst unbelastet und fröhlich verbringen sollten. Kindergarten und Schule waren damit zwei völlig unterschiedliche Institutionen, die wenig miteinander zu tun hatten, und jede Einrichtung hatte ihren eigenen Schwerpunkt.

Doch mit der Zeit hat sich das gravierend verändert. So fragen inzwischen viele Eltern die Erzieher/-innen nicht nur während der Kindergartenzeit, sondern schon vor der Aufnahme, ob denn neben dem Spiel auch »was Vernünftiges« gemacht werde, ob vielleicht »das Programm zum frühen Lesenlernen« oder das »Projekt Englischlernen mit vier Jahren« ein Schwerpunkt der Kindergartenarbeit sei, ob gezielte Angebote »zum Umgang mit dem Computer« zum Schwerpunktprogramm gehören oder ob beispielsweise »Konzentrationsübungen« einmal pro Woche angeboten würden. Schließlich sei immer wieder zu lesen, dass die Lernmöglichkeiten der Kinder im Kindergartenalter besonders groß seien.

Ganz besonders im letzten Kindergartenjahr ist das Interesse der Eltern hoch zu erfahren,

- wie die Kinder auf die Grundschulzeit vorbereitet werden,
- ob gezielte Übungen mit den Kindern gemacht werden, damit sie einen guten Schulstart haben,
- welche speziellen Arbeitsblätter als Schulvorbereitung berücksichtigt werden und ob diese gegebenenfalls als Kopien an die Eltern ausgehändigt werden können, um die Arbeit zu Hause fortzusetzen,
- ob das Freispiel nun eingeschränkt wird und stattdessen »geeignete Lernspiele« in den Vordergrund rücken,
- inwieweit schon Testverfahren zur Feststellung der Schulreife im Vorfeld des Kindergartens angewandt werden,
- wie oft ein Kontakt mit der Grundschule gesucht und hergestellt wird, damit die Kinder schon einmal einen Eindruck von der zukünftigen Institution Schule gewinnen können,
- ob auch schon das Stillsitzen geübt wird und beispielsweise Schulspiele üblich sind,
- inwieweit der Kindergarten sich der Aufgabe bewusst ist, bestimmte Schulfertigkeiten zu üben, beispielsweise das Zählen bis 20 oder das Schreiben des Vornamens,
- wie der Kindergarten der allgemein bekannten Bildungsmisere entgegenwirkt und
- welche Handlungsstrategien die Erzieher/-innen umsetzen, um auffällige Defizite der Kinder abzubauen.

Daneben fragen besorgte Eltern nach, ob

- ihr Kind wohl schulreif ist,
- das Kind – belegt durch bestimmte Verhaltensweisen – vielleicht unterfordert ist,
- das Kind vielleicht schon mit fünf Jahren eingeschult werden sollte,

- man als Eltern vielleicht mit der Einschulung noch ein Jahr warten sollte, weil es noch so verspielt ist, oder
- das Kind neben dem Besuch des Kindergartens vielleicht den einen oder anderen Kurs zur Intelligenzförderung besuchen sollte, zumal die Volkshochschule oder Familienbildungsstätte solche Trainingskurse anbietet.

Aber auch außerhalb des Kindergartens kommen Kinder mit der anstehenden Schulzeit in Berührung. Geschwister schauen häufig etwas mitleidig auf ihre kleinen Geschwister herab und fragen, »ob sie denn noch lange diesen Kinderkram im Kindergarten machen wollen«. Verwandte nehmen die Sechsjährigen zur Seite und meinen, dass »sie bald groß sind und in die Schule kommen«. Selbst Eltern sind davon überzeugt, dass sich ihre Kinder in der Regel sehr auf die Schule freuen, und fragen interessiert, »ob sie es denn noch aushalten können, bis zur Einschulung zu warten, um dann endlich Lesen, Schreiben und Rechnen zu lernen«. Alles scheint sich in diesem Lebensjahr um die Schule zu drehen und viele sind gespannt, wie der Übergang vom Kindergarten zur Grundschule gelingen wird.

Versucht man an dieser Stelle einmal, die Fragen, Erwartungen und Aussagen inhaltlich differenziert zu betrachten, so ergeben sich folgende (un)ausgesprochenen Annahmen und Meinungen:

- Der Kindergarten schafft es mit seiner üblichen Arbeit bei weitem nicht, die Schulfähigkeit eines Kindes aufzubauen.
- Das Spiel(en) der Kinder ist zwar eine »schöne Zeit« für die Kinder selbst, geht aber an der notwendigen Realität einer ernst zu nehmenden Bildungseinrichtung vorbei.
- Schulfähigkeit hat immer etwas mit einer gezielten Lernförderung zu tun.
- Ein erfolgreicher Schulstart in der Grundschule ist abhängig

von der Art und Häufigkeit einer funktionsorientierten Vorbereitung.

- Schulfähigkeit ist hauptsächlich von einem bestimmten Wissenspotenzial des Kindes abhängig.
- Wenn der Kindergarten keine gezielten schulvorbereitenden Aufgaben mit den Kindern übernimmt, dann ist es notwendig, die Hilfe anderer Bildungseinrichtungen mit entsprechenden Kursen in Anspruch zu nehmen.
- Ein häufiger Kontakt zwischen Kindergarten und Grundschule ist eine gute Möglichkeit, Kindergartenkinder mit der zukünftigen Bildungseinrichtung vertraut zu machen.
- Das ruhige Sitzen auf einem Stuhl – wie es in der Grundschule überwiegend erwartet wird – kann im Kindergarten (und vielleicht auch zu Hause) »geübt« werden.
- Kinder, die schon kleinere Rechenaufgaben beherrschen oder ihren Namen schreiben können, haben es in der ersten Schulklasse leichter als diejenigen Kinder, die diese Fertigkeiten noch nicht besitzen.
- In dem Maße, in dem der Kindergarten bestimmte Bildungsaufgaben nicht übernimmt, ist er mit schuld, dass es zu der heutigen Bildungsmisere gekommen ist.
- Sollte der Kindergarten bestimmte Lern-Förderprogramme (wie frühes Englischlernen etc.) nicht in die Arbeit mit aufnehmen, wird ein Lernpotenzial der Kinder in diesem Alter für immer ungenutzt gelassen.
- Schule ist etwas »Schönes«, das der Mensch gar nicht früh genug in Anspruch nehmen kann.

Diese – und sicherlich noch andere – Annahmen und Meinungen ziehen sich wie ein roter Faden durch viele Erwachsenenäußerungen. Auch wenn sie so nicht direkt formuliert sind: Sie finden sich in den entzifferten Inhalten der Aussagen wieder.

Es tragen sehr unterschiedliche Gründe dazu bei, dass solche Meinungen vom Kindergarten und von der Schulfähigkeit breiten Raum in der allgemeinen Vorstellung einnehmen, was Kinder können soll(t)en oder müssen, um einen erfolgreichen Schulstart zu erleben. So wird seit Jahrzehnten beispielsweise von der Kindergartenarbeit als »Vorschulpädagogik« gesprochen. Dies intendiert automatisch eine Form der Pädagogik, die *vor* der Schule stattfindet. Da wundert es nicht, wenn der Kindergarten als Bildungseinrichtung mit der Institution Schule ständig in Verbindung gebracht wird als »Zulieferer« für die eigentlich wesentlichere, wichtigere Einrichtung.

Es mutet schon eigenartig an, wenn man sich einmal klar macht, dass diese Begrifflichkeit, definiert quasi aus der Zukunft (Vor-Schul-Pädagogik, Vor-Schul-Kind, Vor-Schul-Zeit), in sonst keinem Wortgebrauch üblich ist: So spricht man von einem alten oder sehr kranken Menschen auch nicht von einem Vor-Toten, ein Viertklässler ist auch kein Vor-Gymnasiast und ein Abiturient auch kein Vor-Student. Ein Patient, der einen Arzt aufsucht, ist ebenso wenig ein Vor-Krankenhäusler und ein Mieter, der sich mit dem Gedanken beschäftigt, vielleicht einmal ein Haus zu kaufen, ist auch kein Vor-Hausbesitzer.

Diese Sprachspiele mögen zwar lustig erscheinen, drücken aber eine Tatsache aus, die sicherlich zum Nachdenken anregt beziehungsweise anregen sollte. Doch auch der Kindergarten selbst trägt – wenn auch sicherlich unbeabsichtigt – dazu bei, dass die Zukunft der Kinder zur Gegenwart erklärt wird. So sprechen viele Erzieher/-innen von den sechsjährigen Kindern als »Schulkinder«: Diese unüberlegte Wortwahl ist schon deshalb falsch, weil Kinder im Kindergarten *bis zum letzten Kindergartentag Kindergartenkinder* sind.

Neben einer Reihe von Eltern äußern sich auch die Schulen über die einzelnen Kindergärten und geben ihr Urteil über ihre Einschätzung der Arbeitsqualität ab. Beispielsweise äußern sie sich lobend über die Kindergärten, in denen Kinder schon in direkter Weise auf den Eingangsunterricht vorbereitet werden beziehungsweise wo Kinder schon mit einem bestimmten Zahlenwissen und dem Beherrschen kleinerer Schreibprozesse zur Einschulungsuntersuchung kommen, wo Kinder »gelernt haben«, ruhig an einem Tisch zu sitzen, und wo Kinder sich mit einem Arm- oder Handzeichen melden, wenn Fragen gestellt werden.

Anders sieht es dagegen bei den Kindergärten aus, in denen »nur gespielt« wurde/wird. Hier urteilen nicht selten Lehrkräfte recht negativ über diese Kindergärten, mahnen eine andere »Vorschulpädagogik« an und versuchen Aufgaben an die elementarpädagogische Institution zu delegieren, die ihnen die Eingangsarbeit mit den Kindern deutlich erleichtern soll.

Und schließlich hat die »PISA-Studie« ihren Teil dazu beigetragen, dass die Öffentlichkeit – von Seiten der Bildungsministerien der Länder über die Presse bis hin zu vielen Eltern – in helle Aufregung geraten ist und nun eine »Bildungsoffensive« – auch für die Kindergärten – fordert, getreu dem Motto:

- »Spielen ist zwar schön und gut, aber es reicht eben nicht aus.« Oder:
- »Die Zeit von Lust und Freude ist vorbei: Der Kindergarten muss fördern, indem er Kinder fordert.« Oder:
- »Was Hänschen nicht lernt, lernt Hans nimmermehr. Wenn das direkte Lernen im Kindergarten nicht beginnt, wird die Bildungsmisere noch dramatischere Formen annehmen.«

Diese Tendenz, den Kindergarten als eine systematisch strukturierte Vor-schul-pädagogik zu verstehen, liegt nicht zuletzt an der grundsätzlichen Einschätzung vieler Erwachsener, dass Erziehung stets eine Vorbereitung auf die Zukunft ist beziehungsweise zu sein hat. So wird mit diesem Begriff »Erziehung« ein ganzes Bündel von Vorstellungen gedanklich verbunden, wie beispielsweise, das Kind

- sei positiv zu beeinflussen,
- habe sich in problematischen Bereichen zu verbessern,
- müsse auf die anstehende Zukunft vorbereitet werden, um Ansprüche zu erfüllen,
- habe sich in seinen jeweiligen Lernbereichen Stück für Stück zu qualifizieren,
- müsse von einem unmündigen in einen mündigen Zustand gebracht werden,
- lerne nur dann positive Verhaltensweisen, wenn es direkt dazu angeleitet werde,
- müsse von einem naiven Wesen zu einem aufgeklärten Erwachsenen geführt werden,
- habe möglichst früh bestimmte Fertigkeiten zu lernen, damit es ohne Verzögerung ein schnelles, effektives Lernen aufnehmen kann,
- sei aufgrund seiner Unreife in Gefahr, den Anschluss an ein »reifes Leben« zu verlieren,
- könne nur bestehen, wenn es möglichst frühzeitig die Realitäten des Lebens kennen und bestehen lerne.

Auffällig ist der rote Faden in dieser Auflistung von Gedanken: Stets wird die »Zukunft« der Kinder in das aktuelle Leben hineingebracht, in der Annahme, man selbst wisse recht genau, was Kinder an speziellen Fertigkeiten für diese Zukunft brauchen. Der »Auftrag der Erziehung« liege also in dem Ziel der Pädagogik, ein Kind *möglichst schnell, früh und gleichzeitig intensiv* auf diese – wenn auch ungewisse – Zukunft vorzubereiten. Dabei wird es nicht überraschen, dass solche Vorstellungen nicht nur für die heutige Zeit zutreffen. Schon in der Antike über die so genannte Zeit der Aufklärung hin bis zur Moderne existierte diese Idee. So könnte man – bildlich gesprochen – sagen, dass den Kindern für ihr Erleben von Gegenwart kein Platz gelassen wird, für viele Kinder-Zeiten ein »heimlicher Lehrplan« besteht und nun vieles (alles?)

daran gesetzt wird, dieses selbst initiierte »Curriculum« abzuarbeiten.

Das zeigt sich alleine schon darin, wie manche Wochenpläne von Kindergärten aussehen und mit Terminen voll besetzt sind – neben der Kindergartenzeit: Montag Musikunterricht, Dienstag Turnen, Mittwoch Judounterricht, Donnerstag Schwimmen und Freitag Sprachtherapie. Dabei bleibt für das Spiel mit Freunden vielleicht noch das Wochenende. So verwundert es nicht, dass Kinder als Kunden gefragt sind wie nie zuvor und Freizeitveranstalter sowie Kursanbieter mit allen Mitteln um einen Anteil am knappen Zeitbudget von Kindern kämpfen.

Es gibt, so der Anschein, kein Angebot, das ohne Nachfrage bleibt. Da bewegen sich Babys, selbstverständlich pädagogisch betreut, in gut beheizten Schwimmhallen, mit zwei- und dreijährigen Kindern wird im Sinne einer musikalischen Frühförderung lustig musiziert, drei- und vierjährige Kinder erhalten ihren ersten Fremdsprachenunterricht in Englisch, Spanisch, Italienisch oder Französisch und fünf-, sechsjährige Tenniskids schwingen ihre Rackets, was das Zeug hält.

Iskra Zankova vom Deutschen Ballettrat stellte in einem Interview heraus, dass »die Eltern ganz wild darauf sind, ihre Kleinen im Tülldress zu sehen«, nur fragt sich, wessen Wunsch es wirklich ist, hier ein hartes Training auf sich zu nehmen. Väter stehen an den Werbebanden des Fußballfeldes und feuern ihre Jungstarfußballer mächtig an, endlich nach vorne zu stürmen und ein Tor zu schießen. Andere Väter schauen stolz auf ihre Söhne, die schon mit fünf oder sechs Jahren in Gokarts ihre Rennrunden möglichst schnell hinlegen oder beim Boxen nicht so zimperlich mit ihren Gegnern umgehen.

Ja, selbst der Urlaub darf aus Sicht vieler Eltern nicht einfach verspielt und verschlafen, am Strand vertrödelt oder im seichten Wasser des Meeres verplanscht werden: Kinder im Kindergartenalter werden in Sommercamps angemeldet, um noch mehr Computerfeinheiten zu lernen, vermutete Hochbegabungen endlich auszubauen oder bestimmte Fertigkeiten zu verfeinern. So scheint die allseits erwünschte »kindliche Talentförderung« ein Ziel mit oberster Priorität für viele Eltern zu sein, vielleicht verbunden mit der versteckten Angst, das kindliche Genie könnte verkümmern, das Kind könne aufgrund mangelnder Lernanreize zu einem späteren Leistungs- oder Schulversager werden oder zu einem passiven Medienkonsumenten heranwachsen.

Was mit diesen vielen Beispielen gesagt werden will, ist Folgendes: Die Sorge um die Zukunft der Kinder, die Angst im Hinblick auf ein mögliches Versagen der Kinder und die Hoffnung vieler Eltern, dass es ihr Kind einmal vielleicht weiter bringt als man selbst, dies alles führt Eltern dazu, die Vorstellung zu entwickeln, der »Nürnberger Trichter« sei immer noch das geeignete Mittel, Kinder »klug zu machen«.

Dabei ist die Frage einer vor-schulischen Förderung im Hinblick auf die Schulfähigkeit eines Kindes nur *ein* Baustein im weiten Feld der Förderabsicht von Erwachsenen. Die Frage und Aufmerksamkeit einer möglichst frühen Förderung der Kinder ist eingeflochten in die unendliche Vielfalt zukunftsorientierter Möglichkeiten und Aktivitäten, die sich in bester Absicht auf Kinder konzentrieren. Doch ob alle Maßnahmen tatsächlich zum »Wohl der Kinder« sind – auch und gerade im Hinblick auf eine gute Schulkarriere –, bedarf einer sorgsamen und differenzierten Betrachtung einzelner Schwerpunkte aus dem weiten Feld des Themas »Schulfähigkeit«.

Die Zukunft beginnt in der Gegenwart

*Was soll man von jener barbarischen Erziehung halten,
die die Gegenwart einer ungewissen Zukunft opfert,
die also das Kind mit allerlei Fesseln belastet
und es von vornherein unglücklich macht,
um es auf irgendein, in weiter Ferne liegendes Glück
vorzubereiten,
das es vielleicht nie erreicht?*

(Jean-Jacques Rousseau)

Nun könnte man geneigt sein anzunehmen, eine *möglichst
frühe und intensive* Förderung sei aus entwicklungspsycholo-
gischer Hinsicht dennoch wichtig und für die Entwicklung
von Kindern hilfreich, auch wenn dadurch vielleicht der eigenständige Zeitraum »Kindheit« eingeschränkt ist. Schließlich gehe es doch um die Zukunft der Kinder, und wer wolle
da nicht »das Beste« für sein eigenes Kind!

Eine andere Sichtweise erscheint ebenfalls möglich: Man
unterlässt jedwede direkte Förderung der Kinder und hofft darauf, dass es mit dem Schulbeginn eines Kindes schon irgend-
wie klappe. Schließlich weiß man aus eigener Erfahrung, dass
»nichts so heiß gegessen wird, wie es gekocht wird«. Und da

man als Elternteil davon überzeugt ist, dass das eigene Kind – trotz mancher kleiner Schwierigkeiten – auf jeden Fall nicht (wesentlich) schlechter begabt ist als andere Kinder aus dem Freundeskreis, der Nachbarschaft oder dem Verwandtenkreis, reicht es für eine termingerechte Einschulung sicherlich allemal.

Es gibt aber auch eine dritte Sichtweise: Wer davon überzeugt ist, eine möglichst frühe Förderung von Kindern – im Hinblick auf ihre Schulfähigkeit – sei *nicht* günstig, für den ist es nicht akzeptabel, Kinder schon vor dem Beginn ihrer Schulzeit mit entsprechenden Lern- und Übungsprogrammen zu konfrontieren. Insofern wäre es auch für ihn vielleicht das Beste, die Hände in den Schoß zu legen und abzuwarten, um sich zu gegebener Zeit überraschen zu lassen.

Doch kann es das wirklich sein? Ist eine fachlich begründete Nachfrage an den »Förderboom«, der in Deutschland mit ungebremster Geschwindigkeit voranschreitet, automatisch mit der Konsequenz verbunden, anzunehmen, eine Förderung könne damit außer Acht gelassen werden?

Ohne Zweifel entscheiden die ersten Lebensjahre, verbunden mit der besonderen Form ihrer Entwicklung, über den möglichen Erfolg oder Misserfolg einer *grundsätzlichen* Schulfähigkeit. Kinder haben dabei ebenso wenig ein genetisches Programm, in dem festgelegt ist, ob und wie sie die Schule erfolgreich oder eher erfolglos besuchen und abschließen werden, noch ist es eine Frage des Schicksals, ob und wie eine Schulfähigkeit bei einem Kind ausgeprägt sein wird. Zu fragen ist aber, welche Maßnahmen, Erfahrungen, Erlebnisse und Eindrücke im Leben eines Kindes – und das in seiner Ganzheit 365 Tage (unter selbstverständlicher Berücksichtigung des Schaltjahres) mal sechs Jahre lang – tatsächlich wirksam sind, die Schulfähigkeit eines Kindes auf- und auszubauen.

Insofern bestimmt die erlebte Gegenwart des Kindes nach wie vor den Ausprägungsgrad der Schulfähigkeit. Und da gibt es eine alte Weisheit, die wie folgt lautet: »*Die Zukunft beginnt in der Gegenwart.*«

So schreibt Dr. Janusz Korczak, Arzt und Pädagoge zugleich, in seinem Buch mit dem Titel *Das Recht des Kindes auf Achtung*: »Wir sollten Achtung haben vor den Geschehnissen und Schwankungen der schweren Arbeit des Wachsens! (...) Wie soll das Kind morgen leben können, wenn wir es heute nicht bewußt, verantwortungsvoll leben lassen? Wir sollten jeden Augenblick achten, denn er stirbt und wiederholt sich nicht, und immer sollten wir ihn ernst nehmen; wird er verletzt, so bleibt eine offene Wunde zurück, wird er getötet, so erschreckt er uns als ein Gespenst böser Erinnerungen. (...) Unbeholfen teilen wir die Jahre in mehr oder weniger reife auf; es gibt gar kein unreifes Heute, keine Hierarchie des Alters, keinen höheren oder tieferen Rang des Schmerzes und der Hoffnung und Enttäuschung. Wenn ich mit einem Kind spiele oder spreche – dann haben sich zwei gleichwertig reife Augenblicke in meinem und in seinem Leben verbunden.« (Göttingen, 4. Aufl. 1988, S. 28)

Und in seiner Veröffentlichung *Verteidigt die Kinder* ist zu lesen: »Ich werde mich verbissen immer wieder auf die Verteidigung ebendieses Grundsatzes beziehen, entgegen der landläufigen Formel vom künftigen Glied der Gesellschaft, vom künftigen Bürger. Wer die Kindheit überspringen will und dabei in die fernliegende Zukunft zielt – wird sein Ziel verfehlen.« (Göttingen, 3. Aufl. 1987, S. 20)

Korczak thematisiert in seinen Büchern folgende Überlegungen, wobei meine nachfolgenden Aussagen zur Frage, was eigentlich Schulfähigkeit ist, in direkter Weise darauf Bezug nehmen:

- Die Entwicklung von Kindern ist für sie selbst harte Arbeit, verbunden mit neuen, fröhlichen und traurigen, Angst auslösenden und Sicherheit schenkenden Erfahrungen.

- Ein Kind wird nur die Zukunft – verbunden mit den vielfältigen Anforderungen, alltäglichen Herausforderungen und unterschiedlichsten Erwartungen – meistern können, wenn es in der Gegenwart – im Hier und Jetzt – sein Leben aktiv gestalten und genießen kann, um Fähigkeiten aufzubauen, die ihm später zugute kommen.

- Der Prozess der Kindheit besteht aus den vielfältigsten Augenblicken, aus abertausenden Eindrücken und Erlebnissen, die ihre jeweilige Zeit brauchen, um verstanden, begriffen, in das eigene Leben aufgenommen und eingebaut werden zu können.

- Augenblicke der Kindheit, die von entscheidender Prägung sind – und wer mag schon beurteilen, welche dies sind –, müssen beachtet werden, weil sie Auswirkung auf die Entwicklung der Persönlichkeit – und dazu gehört auch die Schulfähigkeit – haben.

- Entwicklungsprozesse (= Augenblicke), die gering geschätzt beziehungsweise missachtet werden, unterliegen einem Abbruch, der nicht rückgängig gemacht werden kann.

- Entwicklungsabbrüche haben einen bleibenden Wert: Korczak spricht hier – siehe oben – von »getöteten Augenblicken, die als ein Gespenst böser Erinnerungen« in Kinderseelen wirken. Im übertragenen Sinne würde man heute von Traumatisierungen – traumatischen Erfahrungen – sprechen, die beispielsweise Lernblockaden und Leistungsverweigerungen zur Folge haben.

- Entwicklungsprozesse brauchen ihre jeweilige Zeit und sind dann besonders wertvoll für den Persönlichkeitsaufbau von Kindern, wenn sie mit Glücksmomenten und Freude verbunden sind.

- Erwachsene unterteilen das Leben in reife und unreife Abschnitte, wodurch sich beispielsweise die »Erziehung zum zukünftig reifen Menschen« ergibt. Diese Differenzierung ist insofern problematisch, ja falsch, weil Kinder ihre Lebenswelt ebenso individuell erleben, wie es Erwachsene tun.

- Entwicklungsprozesse ergeben sich aus Entwicklungsrechten, die Kinder brauchen, um bestimmte Fähigkeiten weiter aufbauen zu können.
- Eine Pädagogik, die in starkem Maße auf die Zukunft der Kinder ausgerichtet ist, wird dazu führen, dass Kindheit immer mehr verschwindet, verbunden mit entsprechenden Folgen.
- Eine zukunftsorientierte Pädagogik trägt zu einem Alibi bei, sich persönlich weniger verantwortlich für die gegenwärtigen Lebenserfahrungen eines Kindes zu fühlen, als vielmehr die Verantwortung einer abstrakten Zeitebene zuzuordnen. (Erinnert sei in diesem Zusammenhang an die grundsätzlich zunehmende Tendenz bei Menschen, eigene Verantwortlichkeiten an andere Menschen, an besondere Umstände oder Situationen zu delegieren: Beispielsweise ist die »Attraktivität des Computers schuld, dass Kinder immer weniger draußen spielen wollen«. Die vielen Programme des Fernsehens »sind daran schuld, dass Kinder oft stundenlang, und das Tag für Tag, vor dem Bildschirm sitzen«, und »die Gesellschaft ist daran schuld, dass es heute so viel Gewalt und Aggressivität in der Öffentlichkeit gibt«. »Die Zunahme der Verschuldung vieler Menschen liegt daran, dass es einem die Banken so leicht machen, Kredite aufzunehmen«, und die »Werbung ist daran schuld, dass Kinder und Jugendliche so sehr dem Markenkonsum ausgeliefert sind«.)
- Kindheit ist ein eigenständiger Entwicklungszeitraum für Kinder, der von ihnen dazu genutzt werden muss/darf/soll, Kind zu sein: mit all seinen lebensnotwendigen Facetten!
- Wer diesen bedeutsamen Entwicklungszeitraum – wenn auch in bester Absicht – nicht ernst nimmt und Kindheit (Kind-Sein) überspringen will, sorgt dafür, dass für Kinder gesetzte Ziele nicht erreicht werden.

Insofern beginnt die Zukunft in der Gegenwart – bezogen auf alle Entwicklungsbereiche der Kinder. So auch auf den Auf- und Ausbau einer Schulfähigkeit. Die Frage, die sich dabei stellt, ist die, was genau die Gegenwart von Kindern enthalten muss, um den Auf- und Ausbau einer Schulfähigkeit in Gang zu setzen beziehungsweise um sie mit größtmöglicher Sicherheit als gesetztes Ziel zu erreichen.

Das wird der Inhalt der nächsten Kapitel sein.

Der Übergang vom Kindergarten zur Schule

> Ich glaube daran, dass das größte Geschenk,
> das ich von jemandem empfangen kann, ist,
> gesehen, gehört, verstanden und berührt zu werden.
> Das größte Geschenk, das ich geben kann, ist,
> den anderen zu sehen, zu hören, zu verstehen und
> zu berühren.
> Wenn dies geschieht, entsteht Kontakt
>
> (Virginia Satir)

Vergleicht man das Leben im Kindergarten mit dem in der Schule, so ist es sicherlich nicht übertrieben, wenn von zwei »unterschiedlichen Lebenswelten« gesprochen wird, gerade unter dem Aspekt betrachtet, wenn man selbst sowohl aus der Sicht eines Erwachsenen als auch aus der Sichtweise eines Kindes versuchen würde, diese zwei Institutionen in Beziehung zueinander zu setzen:

Auf der einen Seite haben wir Erwachsenen einen Wissensvorsprung dadurch, dass wir *rückblickend* aufg und eigener Schulerfahrungen mit einem hohen Maß an Erfahrungswissen bestimmte Situationen rückerinnern, die uns selbst noch aktuell geblieben sind. Wir Erwachsenen *wissen*, was während des Schulbesuchs von uns als ehemaligen Schüler(n)/-innen erwartet wurde, was notwendig war zu beachten und wo Spielräume und Grenzen unser Schulleben bestimmt haben. All die *eigenen Erfahrungen* führen uns dazu, aus *vergangenheitsorientierter* Sicht bestimmte Aspekte des Schulbesuches nun *im Nachhinein zu bewerten*.

Kinder haben dagegen noch *keine unmittelbar längerfristigen Eindrücke* vom Schulleben: Sie erfahren nur bestimmte Informationen von den Eltern, den Erzieher(n)/-innen, Geschwistern oder älteren Freunden. Für sie ist »Schule« noch eine abstrakte Größe, in der es wohl darum geht, lesen, schreiben und rechnen zu lernen, wozu auch immer diese »Kulturtechniken« nötig sein werden/könnten. Vielleicht um später einmal beim Autofahren die Hinweisschilder zu lesen, vielleicht um später selbst die Märchen aus dem Buch lesen zu können, aus dem Mama, Papa oder die Erzieherin bestimmte Geschichten vorliest.

Gleichzeitig werden Kinder beim Eintritt ins Schulleben Änderungen im Vergleich zu ihrer bisherigen Kindergartenzeit erfahren, und diese Änderungen beziehen sich vor allem auf bestimmte Anforderungen, die mit dem Schulbesuch verbunden sind. Derartige Änderungen sind wie ein neuer Einschnitt im Leben der Kinder und verlangen von ihnen gewisse Einsichten und Rücksichtnahmen, aber auch Selbstständigkeit und Engagement. Stellen wir nun zunächst einmal dar, was sich für Kinder mit dem Schulbeginn alles ändert.

1. Zunächst müssen Kinder Abschied nehmen von Personen, die sie meist über mehrere Jahre hinweg kennen gelernt haben, mit denen sie mehr oder weniger herzlich verbunden waren, mit denen sie eine Freundschaft gepflegt haben, die ihre Spielpartner/-innen gewesen sind und mit denen sie eine unüberschaubare Menge an Einzelerfahrungen gemacht haben. Vielleicht kommen gleichaltrige Kinder mit

in die Schule, doch jüngere Kinder und die Erzieher/-innen bleiben in der Institution Kindergarten zurück. Manchen Kindern macht ein solcher Abschied nichts oder nur wenig aus, andere Kinder sind wiederum sehr traurig, verbunden mit der Ahnung, dass nun eine Trennung auf lange Zeit bevorsteht.

(Sich trennen können, loslassen können, sich verabschieden ist vor allem ein *sozialer und gefühlsorientierter – emotionaler – Vorgang* und für manche Kinder ein neuartiger Prozess.)

2. Der Abschied aus dem Kindergarten ist aber nicht nur eine Trennung von Personen, sondern auch ein Loslassen von vertrauten Dingen: dem bekannten Weg zum Kindergarten, dem Außenspielgelände, den Räumen, der Einrichtung, den unterschiedlichsten Spielsachen, den Möbeln und Bildern, den bekannten Geräuschen und Gerüchen eines Hauses, den besonderen Erlebnissen und Geheimnissen, den Ritualen und Tagesabläufen, den kleinen und großen Besonderheiten dieser »zweiten Heimat« für viele Kinder.

(Auch diese gegenständliche und atmosphärische Trennung ist für Kinder vor allem ein *emotionaler Abbruch* von Gefühlseindrücken und Verbundenheiten.)

3. Im Kindergarten bestand für alle Kinder die Möglichkeit, Erlebnisse, Erfahrungen, Eindrücke auf ganz unterschiedliche Art auszudrücken: in den vielfältigen Formen des Spiel(en)s, dem Malen und Zeichnen, dem Träumen, dem Erzählen- und Berichtenkönnen von wichtigen Geschehnissen, dem Singen von Liedern, dem Tanzen, dem Verstecken und dem Rückzug, dem Lachen und Werken, dem Quatschmachen und Fantasieren. Wenn es in der Entwicklungspsychologie unter anderem die wichtige Erkenntnis gibt, dass jeder Eindruck einen Ausdruck sucht, kann nachvollzogen werden, dass im Kindergarten jedes Kind seine Ausdrucksmöglichkeiten finden und umsetzen konnte.

Nun, in der Grundschule, wird vor allem – verständlicherweise – der Ausdrucksform »Sprache/Sprechen« besondere
Priorität eingeräumt: Es werden Fragen gestellt und Schü-
ler/-innen haben nach Sprachantworten zu suchen. Die anderen Ausdrucksformen wie Spiel(en), Träumen, Werken,
Quatschmachen etc. sind nicht mehr gefragt, es sei denn,
der Unterricht und die Lehrkräfte lassen dies zu bestimmten Anlässen zu.
(Hier finden wir eine deutliche Einschränkung auf der
Handlungsebene – der *motorischen Ebene* – vor.)

4. Im Kindergarten konnten die Kinder systematisch miterle-
ben, wie sie selbst vom neuen Kindergartenkind zum »erwachsenen« Kindergartenkind geworden sind; jedes Jahr
folgen der Verabschiedung der älteren Kinder, die zur
Schule kommen, neue, kleinere Kinder, bis sie selbst in die
Situation kommen, als »Große« den Kindergarten verlassen zu dürfen/zu müssen. Nicht selten wird das Ganze damit unterstrichen, dass ein »Schlaffest für die Großen« im
Kindergarten anberaumt wird. Ihre besondere Stellung ist
gesichert und viele Kinder wissen das für sich zu nutzen.
Doch schon mit dem ersten Tag in der Schule müssen sie einen neuen Rollenwechsel erleben: Hier in der Grundschule
sind sie die »I-Dötzchen«, die Kleinen, für die »die Großen
aus anderen Klassen« vielleicht eine kurze Theaterauffüh-
rung darbieten, und sie merken schnell, dass aus diesem
Rollenwechsel eine neue Orientierung notwendig wird.
(Eine solche Veränderung ihres Status bringt für viele Kinder eine *emotionale Irritation* mit sich.)

5. Zusätzlich sind die Schulanfänger nun mit einem völlig
neuen »Großsystem Schule« konfrontiert. Es gibt meist
weitaus mehr Kinder in der Schule, als dies im Kindergarten der Fall war, neue Rangordnungen (in der Klasse) und
mit anderen Schüler(n)/-innen aus anderen Jahrgangsstu-
fen stehen an und verlangen aus gruppenpsychologi-

scher/gruppendynamischer Sicht eine Neuorientierung zur Festigung der neuen Rolle.

(Diese neue Orientierung betrifft den *sozialen* und gleichzeitig *emotionalen Bereich* in der Lebenswelt aller Kinder.)

6. In der Schule gibt es neue Räume, Materialien und Ordnungsrichtlinien, fremde Erwachsene mit ihren individuellen Merkmalen, neue atmosphärische Bedingungen und Regeln, Rituale und Strukturbedingungen.

(Hier sind Kinder mit neuen Kompetenzen gefordert, die sowohl den *motorischen Bereich* betreffen als auch den Denk- [Kognitions-], *sozialen* und *emotionalen Bereich* ansprechen.)

7. Hatten die Kinder im Kindergarten im Laufe des Tages sehr vielfältige Möglichkeiten, sich auf unterschiedliche Art und Weise zu bewegen – im Turn- und Gruppenraum, in der Halle, im Außenbereich oder bei den Aktivitäten im Werkraum, beim Spazierengehen oder bei den Ausflügen im (un)mittelbaren Umgebungsbereich, so gilt es schon im Eingangsunterricht der 1. Klasse, bestimmte Zeiten sitzend auf einem Stuhl zu verbringen und den Bewegungsdrang zurückzuhalten.

(Diese gezielte Anstrengungsbereitschaft, Bewegungswünsche und -aktivitäten »aufzuschieben«, stellt hohe Anforderungen an Kinder sowohl im *motorischen* als auch im *emotionalen Bereich.)*

8. In vielen Kindergärten war und ist es Praxis, dass Kinder aktiv bei der Planung von Vorhaben und Projekten beteiligt werden, dass Wünsche aufgenommen werden und so weit wie möglich Berücksichtigung finden, dass in Kinderkonferenzen als einer Form aktiver Demokratie den Kindern ein Forum bereitgestellt wurde, um selbstverantwortlich von sich oder Geschehnissen zu berichten und gemeinsam mit den anderen Kindern und den Erzieher(n)/-innen eine lebendige Austauschmöglichkeit zu

pflegen. In der Schule machen Kinder dann häufig andere Erfahrungen: Die erwachsene Person gibt bestimmte Aufgabenstellungen vor, die Kinder haben sich mit den Inhalten auseinander zu setzen und entsprechend der Aufgabenstellung zu beteiligen, auch wenn die gemeinsame Arbeit ihrer derzeitigen Gefühls- und Interessenlage widerspricht. (Hier sind besondere *emotionale, motorische, soziale und kognitive Veränderungen* im Hinblick auf die Kindergartenzeit bezüglich des Verhaltens notwendig.)

9. War für viele Kinder der Weg zum Kindergarten meist nicht allzu weit, wobei die meisten Kinder ihren Weg mit zunehmendem Alter allein beziehungsweise zusammen mit ihren Freund(en)/-innen gehen konnten/gegangen sind, ist für viele Kinder der Schulweg ein längerer. Ja, in zunehmendem Maße – bei fortschreitender Auflösung kleinerer Schulen und gleichzeitiger Einrichtung so genannter Mittelpunktschulen – sind die Schulwege für manche Kinder sehr weit, verbunden mit der Notwendigkeit, in vollen Schulbussen zum Unterricht zu fahren.
(Hier sind Kinder vor allem mit neuen *sozialen und emotionalen Herausforderungen* konfrontiert.)

10. »Haste was, biste was.« Auch wenn im Kindergarten der »Rang« eines Kindes – je nach Wohnsituation oder dem sozialen Umfeld der Eltern – schon dadurch mitgeprägt wurde, welche »Markenklamotten« ein Kind trug, so wird die »Markenbeachtung« in der Grundschule in vielen Fällen eine noch größere. Der Unterschied zwischen den Kindern, die Markenartikel ihr Eigen nennen können und immer »up to date« sind, und denjenigen Kindern, die diesen »Markenterror« nicht mitmachen können/wollen, weil ihren Eltern entweder das Geld zum Kauf fehlt oder sie sich bewusst weigern, diesen Trend mitzumachen, wird immer deutlicher bemerkt und zunehmend unter Kindern thematisiert. »Haste nichts, biste nichts.« Schon im Grundschulalter werden

Kinder von anderen Kindern regelrecht gemobbt, aus Gruppen ausgeschlossen oder links liegen gelassen.

(Hier sind vor allem *soziale Kompetenzen* und ein hohes Maß an *emotionaler Stabilität* auf beiden Seiten gefragt.)

11. Im Kindergarten stand vor allem ein so genanntes Erfahrungslernen im Vordergrund. Das heißt, die Kinder hatten vielfältige Möglichkeiten, eigene Vorstellungen von »Richtigkeit« in ihre Vorhaben und in die Gruppenprojekte einzubringen, sich weitestgehend selbst auszuprobieren, Grenzen als Herausforderungen zu begreifen und durch eigene, neue Handlungsstrategien zu selbst gesetzten Lösungsmöglichkeiten zu kommen. Fehler wurden als Lernmöglichkeiten verstanden – auch von den Erzieher(n)/-innen. Bewertungen der kindlichen Aktivitäten wurden weniger vorgenommen, stattdessen stand bei Problemen oder gemachten Fehlern eher der Versuch im Vordergrund, gemeinsam mit den Kindern nach unbekannten Lösungsstrategien zu suchen. In der Schule sieht es dagegen häufig anders aus: Hier kommt es bei Fehlern und Fehlversuchen, eine Aufgabe zu meistern, eher zu direkten Bewertungen, zu Tadel oder Kritik.

(An dieser Stelle werden Kinder vor allem in ihrer *Emotionalität* angesprochen.)

12. Bekannterweise haben alle Kinder ihr eigenes Zeit-/Lerntempo. Die einen sind bei ihrer Durchführung von Vorhaben und Aufgaben besonders schnell, andere brauchen dagegen besonders viel Zeit, um etwas zu erledigen. Der Kindergarten kann aufgrund seiner Struktur in vielen Fällen darauf Rücksicht nehmen. Wenn manche Kinder »alle Zeit der Welt« beanspruchen und beispielsweise ihr Frühstück, ihr Spiel, ihre besonderen Vorhaben mit Freund(en)/-innen über Stunden ausdehnen, Bilder(bücher) mit einer Engelsgeduld betrachten oder für lange Zeit verträumt aus dem Fenster schauen, so wird ihnen in der Schule ein Riegel

dazu vorgeschoben. Hier richtet sich das Lerntempo auch nach einem Stundenplan, einem Stoffverteilungsplan und nach Lernzielen, die erreicht werden sollen oder müssen.

(Wenn Kinder an dieser Stelle beispielsweise eigene Bedürfnisse und Zeitvorstellungen zurückstellen und sich einem allgemeinen Lerntempo anschließen müssen, so betrifft dieser Bereich vor allem ihre *emotionalen Kompetenzen*.)

13. Waren die Leistungserwartungen vieler Eltern, deren Kinder einen Kindergarten besucht haben, eher darauf ausgerichtet, dass die Kinder sich im Kreis der anderen wohl fühlen, dass sie auch viel spielen und Freude erleben, dass ihre eigenen Bedürfnisse nicht zu kurz kommen und sie zufrieden nach Hause kommen, so sind die Leistungserwartungen mit dem Schuleintritt deutlich verändert. Nun heißt es Aufgaben zu erfüllen, dem Unterricht aufmerksam zu folgen, sich in den Schulstunden zu beteiligen und gute Arbeiten zu schreiben.

(Für viele Kinder ist diese Erwartungsvielfalt in dieser Konzentration neu und spricht in diesem Fall sowohl die *emotionale* als auch die *kognitive Kompetenz* der Kinder an.)

Schon anhand dieser 13 Merkmale, die in einem ersten Schritt verdeutlichen, welche grundsätzlich neuen Anforderungen auf ein Schulkind zukommen, wird nachvollziehbar, dass Kinder mit vielen, bisher eher unbekannten Ansprüchen konfrontiert werden. Es zeigt sich, dass Veränderungen auf

- der *Handlungsebene* (motorischer Bereich),
- der *Gefühlsebene* (emotionaler Bereich),
- der *Sozialebene* und
- der *kognitiven Ebene* (Bereich des Wissens, des Denkens)

aufs Kind zukommen. Insofern ist es notwendig, *alle vier Teilbereiche* bei der Prüfung der Schulfähigkeit zu berücksichtigen.

Über Schulfähigkeit wird zu unterschiedlichen Zeitpunkten entschieden

Wenn du mit anderen ein Schiff bauen willst,
so beginne nicht mit ihnen Holz zu sammeln,
sondern wecke in ihnen die Sehnsucht
nach dem großen, weiten Meer.

(Antoine de Saint-Exupéry)

Je nach Bundesland sind die jeweiligen Einschulungsverfahren unterschiedlich. Aufgrund der kultusministeriellen Länderhoheit legen die Kultus- beziehungsweise Bildungsministerien der einzelnen Bundesländer die Art der Einschulung fest. Da es also – aufgrund des föderalistischen Systems in Deutschland – keine einheitliche Regelung gibt, sind Eltern, wenn sie beispielsweise ihren Wohnort in ein anderes Bundesland verlegen, häufig überrascht über die unterschiedlichen Vorgehensweisen. Grundsätzlich gibt es dabei zwei Möglichkeiten: Auf der einen Seite werden Entscheidungen zur Einschulung oder Zurückstellung eines Kindes *vor* der tatsächlichen Einschulung beziehungsweise Zurückstellung getroffen, auf der anderen Seite gibt es Bundesländer, in denen die Frage der Schulfähigkeit erst *nach* der Einschulung gestellt und entschieden wird. Die jeweiligen Ausgangspunkte können dabei wie folgt begründet werden:

- Die erste Vorgehensweise, die Schulfähigkeit eines Kindes *vor* seinem möglichen Schuleintritt festzustellen, geht von der Annahme und gleichzeitigen Erwartung aus, dass Kinder von Anfang an bestimmte Fähigkeiten und Fertigkeiten aufweisen sollten, um den neuen schulischen Anforderungen möglichst komplikationslos nachkommen zu können. Hier wird schon von einer vorhandenen Schulfähigkeit ausgegangen, damit der Unterricht weitestgehend durchgeführt werden kann – entsprechend den Rahmenlehrplänen beziehungsweise der vorhandenen Curricula.

- Die zweite Vorgehensweise nimmt für sich die Überlegung in Anspruch, dass möglichst *alle* Kinder – bei bestimmten medizinischen Gründen können abweichende Entscheidungen getroffen werden – zunächst erst einmal eingeschult werden, um dann in einer festgelegten Zeitspanne zu beobachten, welche eingeschulten Kinder in dieser für sie neuen Situation den gestellten Anforderungen entsprechen und welche Kinder offensichtlich überfordert sind. Ein wesentlicher Grund für diesen Ablauf muss sicherlich in der Ergebnisfeststellung verschiedener Wissenschaftler gesehen werden, dass bei entsprechenden Untersuchungen immer wieder Folgendes beobachtet werden konnte: Manche Kinder, die *vor* der Einschulung als schulfähig eingestuft wurden, haben trotz klarer positiver Untersuchungsergebnisse dennoch im ersten Schuljahr »versagt«, während andere Kinder, die nach den Testergebnissen als nicht schulfähig galten und trotzdem eingeschult wurden, in kurzer Zeit ihre Schwierigkeiten überwinden konnten und die 1. Klasse »schafften«.

Sicherlich entstehen an dieser Stelle viele Fragen, die einer Klärung bedürfen.

1. Wenn dem so ist, dass schulpflichtige und im Vorfeld als schulfähig getestete Kinder in der Schule teilweise dennoch überfordert sind, ist dann eine Untersuchung der Kinder überhaupt gerechtfertigt oder gerecht?

2. Wie ist es mit den Kindern, die im Vorfeld als nicht schulfähig getestet wurden und die trotzdem Aufnahme in die 1. Klasse fanden und den dortigen Anforderungen zumindest mit durchschnittlichen Leistungen gerecht wurden: Wäre es zu vertreten, solche Kinder schon im Vorfeld auszugrenzen?

3. Ist es überhaupt die Aufgabe familiärer Pädagogik oder der Erziehung des Kindergartens, Kinder schon im Vorfeld schulfähig zu machen, oder ist es nicht die Aufgabe der Schule, diese spezielle Fähigkeit durch den Unterricht selbst zu erreichen? Vergleicht man dies beispielsweise mit der Aufgabe einer Fahrschule, so ist diese Einrichtung doch auch dafür da, dass zukünftige Führerscheinbesitzer/-innen ihre Kompetenzen dort von A – Z erwerben, um schließlich die Fahrprüfung zu bestehen. Ein alleiniges »Vorüben« im Straßenverkehr ist dabei ebenso gefährlich wie verboten, und die Fahrerlaubnis (analog: der erfolgreiche Schulbesuch) ist nichts anderes als das Bemühen der Fahrlehrer/-innen, den Fahrschüler(n)/-innen das entsprechende Wissen und Können zu vermitteln.

4. Was passiert mit Kindern, die im Kindergarten feste Freundschaften entwickelt haben und nun bei einer Schulfähigkeitsuntersuchung vor dem Schuleintritt möglicherweise dadurch getrennt werden, dass ein Kind als schulfähig bezeichnet wird und es bei ihm zur Einschulung kommt, während das andere Kind als nicht schulfähig eingeschätzt und nicht eingeschult wird?

5. Es ist davon auszugehen, dass Kinder, die zunächst eingeschult wurden und beispielsweise nach relativ kurzer Zeit aufgrund mangelhafter Arbeitsergebnisse oder großer sozialer Auffälligkeiten wieder ausgeschult (zurückgestellt) werden, starke Misserfolgserlebnisse entwickeln. Nicht nur in und durch sich selbst, sondern auch durch die vielfältigen Reaktionen des Umfeldes. Die Eltern werden sich vielleicht »schämen«, dass gerade ihr Kind von dieser Maßnahme betroffen ist; sie werden vielleicht ihrem Kind Vorwürfe machen und ihm vorhalten, es hätte sich nicht genügend angestrengt; Großeltern werden vielleicht enttäuscht sein, dass gerade ihr Enkel »zu den Dummen gehört«; Kinder aus der Klasse werden womöglich herablassend auf dieses Kind »herunterschauen« und es bei Spielaktivitäten ausgrenzen oder ärgern und Nachbarn werden vielleicht ihr negatives Bild von dem Kind und gegebenenfalls den Eltern verfestigen, dokumentiert durch die Aussage »Na ja, bei dem Kind/bei der Familie war es von vornherein schon abzusehen, dass es nicht klappt«. Also ist die Frage berechtigt, ob solche für Kinder und Eltern frustrierenden Misserfolgserlebnisse überhaupt durch irgendwelche Gründe gerechtfertigt sind und das Modell, die Schulfähigkeit erst nach der Einschulung zu entscheiden, nicht per se als untauglich eingestuft werden muss.

6. Demgegenüber könnte die Frage aufkommen, ob aber nicht doch gerade durch die Aufnahme aller Kinder vor allem engagierte Lehrkräfte in den ersten Klassen die Chance entdecken und nutzen könnten, sehr individuell auf einzelne Kinder mit besonderen Schwierigkeiten einzugehen, um auf diese Weise bestehende Anfangsprobleme aufzuarbeiten. Ist es nicht so, dass bei manchen Kindern nur wenig Hilfestellungen nötig sind, um sie in ihrem Arbeitsverhalten konstruktiv zu unterstützen?

7. Wenn alle Kinder einer Jahrgangsstufe in die Grundschule aufgenommen werden – ohne vorherige Feststellung der Schulfähigkeit –, erscheint es überflüssig, dass beispielsweise Erzieher/-innen aus Kindergärten ihre fachliche Einschätzung zur Schulfähigkeit der einzelnen Kinder an die Grundschule weitergeben. Ja, manche Lehrer/-innen lehnen es sogar ab, Vorinformationen zu erhalten, um nicht »vorbelastet« oder »voreingenommen« zu sein. Doch an dieser Stelle drängt sich die Frage auf, ob nicht gerade Erzieher/-innen, die »ihre« Kinder über einen Zeitraum von zwei, drei, vier oder sogar fünf Jahren kennen gelernt haben, ein außergewöhnlich differenziertes Bild von jedem Kind haben und damit sehr spezifische Aussagen zur Frage der Schulfähigkeit vornehmen können.

Spielt hier nicht das unausgesprochene Vorurteil vieler Grundschullehrer/-innen eine Rolle, Erzieher/-innen seien weder von ihrer Fachschulausbildung noch von ihrer Profession im Allgemeinen mit den Anforderungen einer Differenzialdiagnose zur Schulfähigkeit überfordert? Könnte nicht zusätzlich die vielerorts angespannte und problematisch gestaltete Zusammenarbeit zwischen Kindergarten und Grundschule dadurch letztlich ganz überflüssig werden und würden diese Kooperationsschwierigkeiten dann nicht auf dem Rücken der Kinder und ihrer Eltern ausgetragen werden?

8. Immer wieder taucht die Frage auf, ob es überhaupt möglich sei, Kinder in einem verhältnismäßig kurzen Zeitraum im Hinblick auf ihre Schulfähigkeit zu überprüfen. Wenn – wie die Praxis zeigt – in manchen Städten und Kreisen eine Einschulungsuntersuchung und -entscheidung nur zehn bis fünfzehn Minuten pro Kind dauert, kann dann überhaupt eine *fachkompetente* Aussage zur Schulfähigkeit getroffen werden? Wären dann – wie im vorigen Punkt beschrieben – nicht gerade Erzieher/-innen mit den Ergebnissen aus ihren

Langzeitbeobachtungen regelrecht prädestiniert, Gutachten zu schreiben und den Schulärzt(en)/-innen beziehungsweise Lehrer(n)/-innen vorzulegen?

9. Kann eine Einschulungsuntersuchung *überhaupt* eine objektive Aussage zur Schulfähigkeit eines Kindes treffen, weil sie beispielsweise nicht berücksichtigen kann, wie das Kind die Nacht vorher geschlafen hat und damit ausgeruht oder angespannt zur Einschulungsuntersuchung kommt, ob es genau an diesem Untersuchungstag körperlich fit ist, ob es Sorgen oder Nöte in der unmittelbaren Vergangenheit mit sich trägt und deshalb vielleicht nicht in der Lage ist, sein individuelles Leistungspotenzial in vollem Maße zu nutzen?

10. Es ist bekannt, dass die Testverfahren zur Schulfähigkeit nicht nur außergewöhnlich umstritten, sondern auch in ihrer Aussagefähigkeit teilweise sehr fragwürdig sind. Also stellt sich die Frage, *welches* Verfahren überhaupt angewandt wird, wie seine aktuelle wissenschaftliche »Stellung« im Vergleich mit anderen Verfahren aussieht und wie seine vorhersagbare Gütequalität eingeschätzt wird.

11. Es gibt Schulärzt(e)/-innen und Lehrkräfte, die ihre eigenen »Testverfahren« entwickelt haben: auf der Grundlage *subjektiver* Vorstellungen von Schulfähigkeit und *subjektiver* Erfahrungen aus der Vergangenheit, was vor vielen Jahren einmal unter »Schul*reife*« verstanden wurde. Insofern scheint die Frage berechtigt, ob es daher weniger darum geht, ob eine Einschulungsuntersuchung vor dem Schuleintritt eines Kindes durchgeführt wird, sondern vielmehr darum, ob ein »handgestricktes«, eigenes Testverfahren über den wichtigen Moment einer Einschulung oder Rückstellung entscheidet.

12. Schließlich – und auch diese Frage ist nicht zu unterschätzen – kommt es bei einer Einschulungsuntersuchung wesentlich darauf an, *wer* hier als Erwachsener mit dem Kind

die Untersuchung durchführt und *wie* er von dem Kind erlebt wird: als freundlich oder unfreundlich, gehetzt oder ruhig, mit leiser oder lauter Stimme, fordernd oder höflich sprechend, distanzlos oder respektvoll. Viele ungezählte Beobachtungen aus Einschulungsuntersuchungen haben dokumentiert, dass die Untersuchungsatmosphäre von besonderer Bedeutung für die gezeigten Verhaltensweisen des Kindes ist. Auch Kinder, die bestimmte Aufgabenstellungen hätten erfüllen können, zeigten beispielsweise Leistungsversagen oder -einschränkungen, weil die untersuchenden Ärzt(e)/-innen beziehungsweise Lehrer/-innen mit ihrer Kommunikationskultur auf Kinder Angst auslösend wirkten. Ist damit nicht jedes Testverfahren – in seiner Personabhängigkeit des Testers – als problematisch, ja fragwürdig im Hinblick auf das Ergebnis anzusehen?

Fragen über Fragen, die mit der Art des Einschulungsverfahrens verbunden sind und daher dazu einladen, sich noch genauer mit dieser spannenden Thematik auseinander zu setzen.

Schulfähigkeit –
ein Begriff in der Diskussion

*Wenn es nur eine einzige Wahrheit gäbe,
könnte man nicht hundert Bilder über dasselbe
Thema malen.*

(Pablo Picasso)

Wie im Vorwort schon angesprochen, gibt es in der Pädagogischen Psychologie kaum einen Begriff, der so umstritten und kontrovers beschrieben ist wie eben der der »Schulfähigkeit«.

Schon in den 20er-Jahren des 20. Jahrhunderts haben sich Wissenschaftler/-innen die Aufgabe gesetzt, hier Klarheit im Sinne einer Definition zu schaffen. Zunächst mit einem kleinen, aber sehr wesentlichen Unterschied zur Forschung der letzten 30 Jahre: Früher sprach man durchgängig von »Schul*reife*«, weil man der festen Überzeugung war, dass Kinder, die einerseits *körperlich* den so genannten ersten Gestaltswandel abgeschlossen hatten – also die »körperliche Kleinkindform« überschritten hatten –, automatisch als »schulreif« angesehen wurden (vgl. zum Beispiel Hildegard Hetzer). Dabei ging man von der Annahme aus, dass mit diesem ersten Gestaltswandel – gemeint sind damit das Zurücktreten der Rumpflänge gegenüber

49

den länger werdenden Armen und Beinen sowie die Ausprägung der Taille – automatisch auch die seelische Entwicklung eines Kindes Fortschritte mache. Kinder wären damit in der Lage, beispielsweise analysierend zu denken, systematischer wahrzunehmen und konstruktiver an Aufgaben heranzugehen. Dabei wurde diese »Schulreife« mit Hilfe der so genannten Philippinoprobe überprüft, indem das Kind seinen rechten Arm mitten über den Kopf zum linken Ohr legen sollte. Manche Eltern mögen sich vielleicht noch an ihre eigene Schulzeit erinnern, als dieses »Verfahren« noch angewandt wurde. Andererseits glaubte man, dass zur Erlangung der Schulreife eben noch ein weiteres Jahr gewartet werden musste, wenn dieser erste Gestaltswandel bei Kindern noch nicht eingetreten war. Und das ist gewissermaßen der springende Punkt: Es ging um ein Abwarten von Reifungsvorgängen und man sah es als erwiesen an, dass Schulreife vor allem etwas mit dem *Alter* und *Wachstum* der Kinder zu tun habe.

Da seit vielen Jahren bekannt ist, dass weder irgendwelche »Reifungsphänomene« für eine Schulfähigkeit ausschlaggebend sind noch »Reifungsvorgänge« von alleine kommen, wird in wissenschaftlichen Diskussionen inzwischen grundsätzlich nicht mehr von Schulreife gesprochen. Die Praxis zeigt allerdings, dass dieser Begriff immer noch von Eltern, aber auch von Schulärzt(en)/-innen, Kinderärzt(en)/-innen und manchen Lehrer(n)/-innen gebraucht wird, obwohl dies fachlich in keiner Weise mehr gerechtfertigt ist. (Es ist auch Absicht dieses Buches dazu beizutragen, dass dieses Wort immer mehr dorthin zurückgebracht wird, wo es hingehört: in eine verstaubte Vergangenheit!) Die Frage mag erlaubt sein, ob es tatsächlich Unkenntnis ist, dass dieser Begriff vereinzelt immer noch gebraucht wird, oder ob dies Absicht ist – im Hinblick auf eine Sehnsucht nach vergangenen Definitionen, als Schulreife nach diesen Maßstäben noch einfach und klar, komplikationslos und ohne größere Umstände zu überprüfen war!

Mitte des 20. Jahrhunderts begannen dann die Wissenschaftler, die sich mit der Frage der Einschulung von Kindern beschäftigt haben, Schul*fähigkeit* zu beschreiben als ein Bündel von Fertigkeiten, die Kinder nahezu ausschließlich im Bereich des Wissens und Könnens im so genannten *kognitiven Bereich* unter Beweis zu stellen hatten. Dabei unterschied man vor allem folgende Schwerpunkte, die heute noch Anwendung finden:

- *Inhaltserfassung*: Kindern werden beispielsweise zwei kurze Märchen erzählt, verbunden mit der Aufgabe, dass aus einer Anzahl von Bildern diejenigen herauszufinden sind, die zu den erzählten Märchen passen.
- *Logisches Denken*: Hier werden den Kindern beispielsweise Bildreihen in systematischen Abfolgen gezeigt, wobei mit der Zeit leere Kästchen eingestreut werden und die Kinder nun aus den vorigen Reihenfolgen ableiten sollen, welches Bild an dieser Stelle eingesetzt werden muss.
- *Gedächtnis*: Den Kindern wird eine bestimmte Anzahl von Bildern vorgelegt, die kurz besprochen und gegebenenfalls erklärt werden. Nach einer bestimmten Zeit werden die Bilder abgedeckt und das Kind wird gefragt, welche Bilder unter der Abdeckung versteckt seien.
- *Konzentration*: Es werden dem Kind verschiedene Reihen mit gleichen Figuren gezeigt, wobei jeweils eine Figur etwas anders aussieht als die übrigen sechs. Das Kind soll diese eine (unvollständige/veränderte Figur) herausfinden und beispielsweise ankreuzen.
- *Größenverständnis*: Dem Kind werden entsprechende Bildreihen gezeigt, in denen gleiche Gegenstände abgebildet sind, allerdings mit dem Unterschied, dass manche Gegenstände größer (und kleiner), dicker (und dünner), länger (und kürzer) als die anderen sind. Nun gilt es für das Kind, Gegenstände mit bestimmten Größenbezeichnungen zu erkennen und zu benennen.

- *Mengenverständnis*: Den Kindern werden Bilder gezeigt, auf denen jeweils größere und kleinere Mengen miteinander verglichen und unterschieden werden müssen.
- *Zeichenfähigkeit*: Den Kindern werden Formvorlagen gezeigt, die möglichst genau nachzumalen sind.
- *Formerfassung*: Den Kindern werden unterschiedliche gegenständliche Bilder, abstrakte Formen und Buchstaben oder Zahlen gesammelt auf einem Blatt vorgelegt und jeweils andere Blätter, die nur ein entsprechendes Bild enthalten. Nun hat das Kind die Aufgabe, das jeweils identische Bild zur Vorlage zu erkennen und zuzuordnen.
- *Praktisches Geschick*: Hier soll ein Kind bestimmte geometrische Formen in richtiger Weise auf Figuren auflegen, die wiederum aus geometrischen Formen bestehen.
- *Auge-Hand-Koordination*: Das Kind soll beispielsweise mit einem Stift eine Linie zwischen zwei Begrenzungslinien ziehen, ohne an den Begrenzungsrand anzustoßen.
- *Handlungsplanung*: Hier soll das Kind zeigen, inwieweit es in der Lange ist, beispielsweise drei miteinander verknüpfte Handlungsaufträge in der richtigen Reihenfolge auszuführen.
- *Auditive Merkfähigkeit*: Nachdem die testende Person eine kleine Geschichte vorgelesen hat, soll das Kind im Anschluss daran eine gewisse Menge an Hauptgedanken wiedergeben können.
- *Lautbildungsfähigkeit*: Dem Kind werden einzelne Sätze mit größeren lautsprachlichen Ansprüchen vorgelesen und das Kind soll diese Sätze ohne Lautbildungsschwierigkeiten wiederholen.
- *Lautdifferenzierung*: Dem Kind werden ähnlich klingende Wortpaare vorgesprochen und es soll dann erkennen, ob sich diese Wortpaare gleich oder anders anhören.
- *Phonologische Bewusstheit*: Bei diesem Testbereich werden die Fähigkeiten der Kinder zur sprachlichen Verarbeitung

von Wörtern beziehungsweise Lauten überprüft. Beispielsweise müssen die Kinder Anlaute erkennen, Silbenrhythmen identifizieren, Laute zu einem vollständigen Wort verbinden oder Reimpaare erkennen.

- *Taktile Wahrnehmung*: Hier wird die Fähigkeit des Kindes überprüft, Berührungsreize zu identifizieren und zu lokalisieren.
- *Kinästhetische Wahrnehmung*: Das Kind soll Veränderungen der Muskel- und Gelenkstellungen wahrnehmen und in eigenen Handlungstätigkeiten wiederholen.
- *Körperschema*: Das Kind wird aufgefordert, sich selbst oder eine andere Person zu zeichnen, um beispielsweise festzustellen, ob es alle Körperteile möglichst vollständig gezeichnet hat und die wesentlichen Körperteile benennen kann.

Darüber hinaus werden weitere Aufgaben an Kinder gestellt, beispielsweise

- zählen von 1 bis 20, vorwärts und/oder rückwärts,
- geometrische Figuren unterscheiden können,
- Zahlen schreiben können,
- den eigenen Vor- und Familiennamen aufschreiben können,
- die eigene Anschrift (Straße, Hausnummer, Wohnort) sagen können.

Je nach Bundesland, Selbstverständnis der Schule und Informationsqualität der Lehrkräfte werden häufig einzelne, individuell zusammengestellte »Verfahren« angewandt, die es in großer Vielfalt entweder als Testverfahren über entsprechende Fachverlage zu beziehen gibt. Oder Schulen, einzelne Lehrkräfte, Schulärzt(e)/-innen haben selbst aus unterschiedlichen Testverfahren ein eigenes Verfahren entwickelt, das weder wissenschaftlich haltbar noch fachlich überprüft ist.

Schon Mitte der 70er-Jahre des 20. Jahrhunderts hat der »Deutsche Bildungsrat« vor dem Einsatz und Gebrauch solcher

Testverfahren abgeraten, weil sie aufgrund folgender Merkmale fachlich nicht mehr haltbar waren – und es auch heute nicht sind:

1. Solche »Testverfahren« beschränken sich fast ausschließlich auf die so genannten kognitiven Merkmale, das heißt, hier wird Schulfähigkeit nahezu ausschließlich auf das Wissen und die Denkfähigkeit eines Kindes beschränkt, und das wiederum nur in einem kleineren Ausschnitt. Seit Jahren weiß man, dass Schulfähigkeit aus weitaus wichtigeren Faktoren besteht, die hier in keiner Weise berücksichtigt wurden beziehungsweise werden. (Diese werden später beschrieben!)

2. Eine wirkliche Kommunikationsfähigkeit eines Kindes kommt bei solchen Testverfahren gar nicht zum Tragen. Wenn überhaupt von »Sprache« die Rede sein kann, dann sieht dies so aus, dass die testende Person irgendwelche Sprechanweisungen gibt, die vom Kind im Sinne einer Aufgabenerfüllung (Nachsprechen, Begriffe als Ein-Wort-Sätze nutzen usw.) gemeistert werden sollen.

3. Die Bereiche Fantasie und Kreativität sind in diesen Testverfahren ebenso wenig erwünscht wie das Nachfragen oder Kontaktgespräche des Kindes, weil dies alles nur den Ablauf eines Testverfahrens behindere, störe und »in die Länge ziehe«.

4. Bei mehreren Untersuchungen über die Testverfahren selbst stellte sich heraus, dass je nachdem, welches Verfahren angewandt wurde, dieselben Kinder sehr unterschiedliche Ergebnisse zu Stande brachten. Waren bestimmte Kinder bei einem bestimmten Testverfahren »nicht schul*reif*«, zeigte ein anderer Test bei den gleichen Kindern eine vorhandene Schul*reife* an.
   Das hat sehr unterschiedliche Gründe, die an dieser Stelle nicht ausführlicher behandelt werden sollen. Nur so viel sei

angemerkt: Alle Ergebnisse eines Testverfahrens sind von einer Unzahl sehr unterschiedlicher Einflussfaktoren abhängig: von der Tagesverfassung einer Testperson, der Beziehungsqualität zwischen testender und zu testender Person, von der Sprach- und Aufgabenqualität des Testverfahrens selbst, vom Raum, in dem das Testverfahren durchgeführt wird, bis hin zu aktuellen Störreizen, die einen individuell starken Einfluss haben können.

5. Bei weiteren Untersuchungen über die Testverfahren selbst hat(te) sich herausgestellt, dass 50 bis 60 Prozent der Kinder, die den Anforderungen eines Testverfahrens nicht entsprechen konnten und dennoch eingeschult wurden, erfolgreich im Unterricht mithalten konnten. Auf der anderen Seite hatten Kinder in der Schule – hier konkret in den ersten zwei Schuljahren – erhebliche Probleme, die gute bis sehr gute Testergebnisse erzielt hatten.

6. Wenn unterschiedliche Einschulungsverfahren sehr unterschiedliche Dinge und/oder Faktoren überprüfen, sprachlich anders formulierte Anweisungen beinhalten und teilweise völlig überholte Aufgabenstellungen aufweisen, ist es eher ein Problem des Testverfahrens selbst, dass bei den Kindern sehr unterschiedliche Ergebnisse zum Vorschein kommen. Allerdings liegt die Schwierigkeit darin, dass diese Problematik bei der Testanwendung auf die Kinder übertragen wird und es zu Ergebnissen kommt oder kommen kann, unter denen die Kinder dann zu leiden haben: mittelbar und unmittelbar. Einfacher wäre es, wenn diese Testverfahren endlich eingestellt würden, um das Problem an der richtigen Stelle zu lösen.

7. Bei solchen Testverfahren konzentriert sich die gesamte Aufmerksamkeit auf das Kind: Das Kind selbst ist es, das an dieser Stelle anhand ausgewählter Fragen und Aufgaben unter Beweis stellen muss, ob es etwas kann, was es im Einzelnen weiß und wie es seine Denkfähigkeit einzusetzen in

der Lage ist. Damit bleibt die Frage der »Beschulungsfähigkeit« der entsprechenden Schule selbst oder ihre »Kinderfähigkeit« völlig außen vor! Und gerade hier zeigt sich in der Praxis immer deutlicher, wie wichtig die Qualitäten von Lehrkräften oder der Schule als Institution sind.

Um mit einem Bildvergleich zu sprechen: Wenn ein Kunde auf der Suche nach einem guten Produkt ist, so hat der Kunde selbst nicht zu beweisen, dass er das Produkt verdient hat, sondern das Produkt hat durch seine Gütequalität unter Beweis zu stellen, dass es sich für den Kunden lohnt, genau dieses Produkt und kein anderes zu erwerben.

Vielleicht werden an dieser Stelle einige Leser/-innen sagen, der Vergleich hinke, weil die Kinder zur Schule gehen *müssen* und ein Kunde eine *Auswahl* unter gleichen oder ähnlichen Produkten hat. Nun, das ist eine Zusatzbemerkung wert: Wenn es um Pflichten geht, zeigt sich immer wieder, dass gerade diejenigen am wenigsten über Qualität nachdenken, die das Recht besitzen, andere in Ver-pflicht-ungen zu nehmen. Das geht so lange gut, bis Missstände nicht mehr zu kaschieren sind (ein Hinweis auf die PISA-Studie und ihre Folgen im Hinblick auf öffentliche Reaktionen mag dies belegen, selbst wenn auch hier wieder Ursachen und Folgen in vielen öffentlichen Stellungnahmen verwechselt werden).

8. Die Frage, warum trotz allem immer noch entsprechende »kognitive Einschulungsverfahren« zum Einsatz kommen, ist leider schnell beantwortet: Vor allem in Deutschland liegt eine traditionsverbundene Testgläubigkeit und -verbundenheit bei den Menschen vor, die eigene Verantwortlichkeiten gerne an »außen stehende Autoritätsgebilde« delegieren. Und da bietet sich ein solches Testverfahren geradezu an, um sich damit dann auf »objektive Daten« zu beziehen. Das Ganze hat jedoch einen nicht zu geringen Nachteil: Testverfahren – und dieser Umstand wird von sehr vielen Testent-

wicklern selbst bestätigt – sind weder »gerecht« noch »objektiv«, weil zu viele unvorhersehbare Ereignisse Einfluss auf die Ergebnisse haben. Testsituationen finden – Gott sei Dank – nicht in »sterilen Testlabors« statt, wo unter isolierten Bedingungen geforscht und gearbeitet wird. Insofern existieren immer zwei Welten: zum einen die Welt einer sterilen Testatmosphäre, zum anderen die »Welt des Lebens vor Ort«.

Unter Berücksichtigung dieser acht Gesichtspunkte ist sicherlich nachvollziehbar und verständlich, dass der Begriff Schulfähigkeit nach wie vor sehr kontrovers diskutiert wird.

Die einen billigen den üblichen, gebräuchlichen Testverfahren immer noch hohen Stellenwert zu – trotz vorhandener, bekannter Bedenken –, andere lehnen Testverfahren völlig ab.

Die einen halten an der Auffassung fest, Schulfähigkeit sei nach wie vor hauptsächlich eine kognitive Kompetenz der Kinder, andere sehen Sinnzusammenhänge zwischen unterschiedlichen Entwicklungskompetenzen der Kinder und wollen diese auch in der Praxis von Einschulungsverfahren berücksichtigt sehen.

Die einen glauben, Schulfähigkeit sei ein Ergebnis vorgezogener schulischer Arbeit im Kindergarten und in der Familie, andere dokumentieren auf der Grundlage beweisbarer Ergebnisse, dass Schulfähigkeit das Ergebnis eines indirekten Lernens über Erfahrung, Neugierde, Interesse und Engagement sei.

Die einen verstehen unter Schulfähigkeit die Anpassung eines Kindes an bestehende Schul- und Unterrichtsstrukturen und -gegebenheiten, andere sehen in der Erziehung zur Selbstständigkeit eines Kindes und in der Stärkung des Selbstwertgefühls von Kindern die entscheidende Voraussetzung, Schulfähigkeit zu entwickeln.

Die einen glauben, Schulfähigkeit werde sich nur dann entwickeln können, wenn möglichst früh mit Kindern aktiv und direkt »Wissensaneignung« betrieben wird, andere weisen auf die vielfältigen Möglichkeiten hin, die das »Spiel« als Lernform für Kinder bietet, und fordern deshalb, sich mit den bekannten Ergebnissen aus der Spieleforschung zu beschäftigen.

Die einen meinen, es sei für die Schulentwicklung eines Kindes immer von Vorteil, wenn es möglichst früh eingeschult werde, andere dokumentieren anhand verschiedener Untersuchungen, dass es für viele Kinder besser sei, möglichst spät eingeschult zu werden, weil gerade zwischen dem sechsten und siebten Lebensjahr hormonelle Veränderungen bei Kindern wirksam werden, die Kinder in einer so schwierigen Situation wie die der Einschulung zusätzlich irritieren.

Die einen meinen, Schulfähigkeit ziele vor allem auf die Kompetenzen der Kinder, andere sehen in ihr eine vorrangige Aufgabenstellung für die Schule und die Lehrer/-innen an, eine kindorientierte, spannende und attraktive Bildungsatmosphäre zu schaffen.

Die einen sind der Ansicht, dass der Frage der Schulfähigkeit eine unverhältnismäßig große Aufmerksamkeit gewidmet werde, andere weisen darauf hin, dass gerade der richtige Zeitpunkt einer Einschulung über den gesamten späteren Schulverlauf eines Kindes entscheide und damit diese Frage gar nicht hoch genug eingeschätzt werden könne.

Die einen weisen darauf hin, dass es bis heute keine allgemein gültige Definition von Schulfähigkeit gebe, andere hören diese Aussage erstaunt und fragen sich, inwieweit dann überhaupt von diesem Begriff gesprochen werden darf, wenn er keine objektive definierte Gültigkeit besitze. Dann bliebe Schulfähigkeit – nach wie vor? – subjektiv interpretierbar und jede Person, ob Eltern, Erzieher/-innen oder Lehrer/-innen, hätte dann das Recht, die eigene Definition zum Ausgangspunkt einer allgemeinen Diskussion zu machen. Vor allem bräuchten Eltern dann grundsätzlich nicht die Entscheidung von Schulärzt(en)/-innen und Lehrer(n)/-innen zum gewonnenen Ergebnis einer Schulfähigkeit ihres Kindes zu akzeptieren, stünden die Resultate ja doch »nur« auf subjektiven Beinen.

Die einen äußern sich dahin gehend, dass der Begriff Schulfähigkeit stets nur eine inhaltsleere »Begriffshülle« war und ist, andere können dieses Wort durchaus mit Inhalten füllen.

Die einen verstehen unter Schulfähigkeit die Kenntnis allseits bekannter Grundinformationen, die ein Kind im Alter von sechs Jahren haben sollte, andere setzen Schulfähigkeit mit einem Bildungsbegriff gleich, der vor allem durch persönlichkeitsbezogene Merkmale gefüllt ist, zum Beispiel etwas verstehen wollen, etwas erforschen, experimentieren wollen.

Die einen fühlen sich traditionell mehr dem Begriff Schulreife verbunden als dem Wort Schulfähigkeit, andere fordern dazu auf, sich endlich den Ergebnissen bisheriger Forschung zu öffnen und die Praxis der Einschulungsverfahren radikal dort zu ändern, wo es dringlich angezeigt ist.

Schulfähigkeit – eine Definition und Beschreibung

»... daß der glückliche Mensch von übermorgen nützlicher sein wird als der nützliche Mensch von vorgestern.«

(Fundsache aus der »Neuen Freien Presse«, 1931)

Unabhängig von der Frage, welches Einschulungsverfahren zunächst in besonderem Maße geeignet ist, Kindern einen möglichst Erfolg versprechenden Einstieg in die Schule zu sichern, ist es vor allem notwendig, sich einer möglichen *Definition* des Wortes Schulfähigkeit anzunähern.

Anhand der Ausführungen im Kapitel »Der Übergang vom Kindergarten zur Schule« und der dort aufgeführten Veränderungen, die sich durch den Schulbesuch für Kinder ergeben beziehungsweise mit denen sich Kinder auch in der Zeit darüber hinaus auseinander setzen müssen, wird eines zunächst deutlich: Kinder brauchen offensichtlich ganz bestimmte *Kompetenzen* (Fähigkeiten und Fertigkeiten), um nutzbringende *Lernerfahrungen* machen zu können und entsprechende *Lernergebnisse* zu erzielen. Dabei setzen sich die Kompetenzen aus vier Bereichen zusammen: Sie betreffen

- emotionale (gefühlsorientierte),
- soziale (umgangsorientierte),
- motorische (handlungsorientierte) und
- kognitive (denk- und wissensorientierte) Kompetenzen.

Jeder Bereich kann für sich als ein Teilbereich betrachtet werden, doch ergibt die Summe dieser vier Bereiche erst ein Ganzes: die *Schulfähigkeit*. Würde – wie in der Praxis leider häufig zu beobachten – nur *ein* Teilbereich isoliert betrachtet werden, hieße das, Vernetzungen und Querbeziehungen außer Acht zu lassen, verbunden mit der Konsequenz, dadurch lediglich Teilausschnitte zum Schwerpunkt zu erklären.

Eine solche Betrachtungsweise von Schulfähigkeit findet sich – wie zuvor beschrieben – nahezu ausnahmslos in den üblichen, bekannten Einschulungsverfahren, indem lediglich bestimmte *kognitive* Aspekte und Ausprägungsmerkmale bei Kindern überprüft werden. Dadurch ist beispielsweise zu erklären, dass Kinder mit einer festgestellten »Schulfähigkeit« (im kognitiven Bereich) nicht selten nach kurzer Zeit Schulschwierigkeiten entwickeln, *weil* die anderen drei Bereiche völlig oder teilweise vernachlässigt wurden. Auf der anderen Seite ist nun auch die Feststellung durch einige wissenschaftliche Untersuchungen nachvollziehbar, dass Kinder bei einer »eingeschränkten oder nicht vorhandenen Schulfähigkeit« (wiederum im kognitiven Bereich!) und einer trotzdem erfolgten Einschulung zu 50 Prozent dennoch die Schule »schafften«: Es kann sein, dass gerade die drei nicht berücksichtigten Schulfähigkeitsbereiche dafür gesorgt haben, dass der kognitive Bereich zunächst eine untergeordnete Rolle spielte (nicht: keine Rolle) und sich im Laufe guter Lernbedingungen entsprechend entwickeln konnte.

Doch kommen wir auf die notwendige Eingangsfrage zurück, wie sich Schulfähigkeit denn eigentlich auszeichne. In Anlehnung an eine Definition von Professor Gerhard Witzlack, die schon rund 35 Jahre alt ist, scheint folgende Beschreibung des Begriffes korrekt:

Schulfähigkeit ist die Summe ganz bestimmter Verhaltensmerkmale und Leistungseigenschaften eines Kindes, die es braucht, um im Anfangsunterricht und der weiteren Schulzeit Lernimpulse wahrzunehmen, aufzugreifen und im Sinne einer Lernauseinandersetzung zu nutzen, um persönlichkeitsbildende und inhaltliche Weiterentwicklungen im emotionalen, motorischen, sozialen und kognitiven Bereich aufzunehmen und umzusetzen. Dabei ist Schulfähigkeit als ein vernetzter Teil eines Ganzen zu betrachten: Sie ist immer abhängig von den besonderen Rahmenbedingungen einer Schule und den Persönlichkeitsmerkmalen und fachlichen Kompetenzen der dort tätigen Lehrkräfte.

Sicherlich ist es angebracht, einige Erklärungen zur hier vorgestellten Definition zu geben:

- Schulfähigkeit umfasst nicht nur einige wenige Kriterien, sondern setzt sich aus einer größereren Anzahl von Merkmalen zusammen.
- Schulfähigkeit ist durch ganz bestimmte Merkmale charakterisiert und besteht nicht – wie in der Praxis häufig zu beobachten – aus unspezifischen Kriterien, die beispielsweise jede Schule für sich individuell festlegt.
- Schulfähigkeit beinhaltet nicht nur ganz bestimmte Leistungseigenschaften, sondern auch Verhaltensmerkmale, die den Kindern für einen weitestgehend erfolgreichen Schulbesuch zur Verfügung stehen müssen.
- Schulfähigkeit ist ein Begriff, der nicht nur für das erste Schuljahr relevant ist, sondern auch für den weiteren Schulbesuch von großer Bedeutung ist.
- Schulfähigkeit umfasst grundsätzlich die Fähigkeit, für Lernreize offen zu sein, Lernreize zuzulassen und sie mit einer persönlichen Wertigkeit zu versehen.

- Schulfähigkeit hat sowohl mit einer Wissensorientierung und -erweiterung als auch mit Persönlichkeitsbildung zu tun.
- Schulfähigkeit bezieht immer die vier Lernfelder eines Menschen ein: den gefühlsorientierten, umgangsorientierten, handlungsorientierten und wissens- beziehungsweise denkorientierten Bereich!
- Schulfähigkeit ist kein Lernfeld, das oberflächlich antrainierbar ist, sondern nur dann wirklich vorhanden sein kann, wenn sie verinnerlichte Verhaltensweisen aufweist, die in entsprechend notwendigen Situationen auch tatsächlich umgesetzt werden können.
- Schulfähigkeit ist immer abhängig von den Rahmenbedingungen, denen ein Kind als lernende Person ausgesetzt ist. Dazu zählen alle Besonderheiten einer Schule, besonders auch die Lehrer/-innen mit ihren besonderen Persönlichkeitsmerkmalen und ihrem fachlichen Können, die Schulfähigkeit der Kinder weiter auf- und auszubauen, aufrechtzuerhalten und dort, wo es nötig ist, durch methodisch-didaktisches Know-how neu zu aktivieren.

Diese Definition hat einerseits klare, deutliche Merkmale genannt, die einer Schulfähigkeit zugeordnet werden, andererseits enthält sie auch Anforderungen an *alle* Beteiligten, damit die Schulfähigkeit von Kindern zum Ausdruck kommen, aufrechterhalten und umgesetzt werden kann.

Würde an dieser Stelle vielleicht die Kritik vorgebracht, es gebe doch gar nicht *die* Schule oder *das* schulfähige Kind, so kann dem Folgendes entgegengehalten werden: Lernmotivation, Lerninteresse, Lernbereitschaft, Lernfreude und Lernwille sind immer (!) die Grundlage eines jeden Menschen, um sich mit Aufgabenstellungen zu beschäftigen beziehungsweise auseinander zu setzen. Insofern ist die Lernbasis immer gleich und unteilbar notwendig.

Selbstverständlich gibt es nun beispielsweise sehr unterschiedliche Schulkonzepte, Methoden, didaktische Möglichkeiten, die Grundlage »Schulfähigkeit« zu aktivieren. Darüber sagt die Definition nichts Konkretes aus. Sie berücksichtigt bewusst die Freiheit, je nach Notwendigkeit entsprechende Planungen durchzuführen, die geeignet erscheinen, die Schulfähigkeit der Kinder zu unterstützen.

Die Forderungen mancher Bildungspolitiker/-innen, Wissenschaftler/-innen und anderer, die sich mit dem Begriff der Schulfähigkeit beschäftigen, diesen Begriff am besten ganz aus dem Vokabular zu streichen, ist dann gerechtfertigt und verständlich, wenn unter Schulfähigkeit lediglich die (kognitive) Fertigkeit von Kindern verstanden wird, beispielsweise den eigenen Vor- und Nachnamen schreiben, geometrische Figuren unterscheiden, Zahlenreihen korrekt nennen oder andere kognitive Aufgaben lösen zu können. Dies würde bedeuten, dass Kinder lediglich *einen* Teilbereich bei der Schuleingangsuntersuchung beherrschen müssten und eine entsprechende Vorbereitung mit den Kindern durchgeführt werden sollte. Da allerdings diese Kriterien – wie im vorigen Kapitel ausgeführt – nicht mehr aktuell sind, käme eine erneute Diskussion hier zu keinem Ziel.

Auch die Forderung, die Grundschule und die in ihr tätigen Lehrkräfte hätten allein unter Beweis zu stellen, dass sie in der Lage sind, jedes Kind schulfähig zu machen, entbehrt jeder fachlichen Grundlage, weil damit die Verantwortung einzig und allein an Lehrer/-innen delegiert werden würde und das Kind beziehungsweise seine Eltern jede Verantwortung im Hinblick auf die Schulfähigkeit von sich weisen könnte(n).

Die radikale These einiger weniger Wissenschaftler/-innen schließlich, dass ausschließlich die ersten Schuljahre dazu dienen sollten, die Schulfähigkeit in der Zusammenarbeit mit Kindern aufzubauen, lässt die Tatsache außer Acht, dass gerade innerhalb der ersten sechs Lebensjahre eines Kindes wesentliche

Grundqualifikationen für die Schulfähigkeit entstehen. Dieses Zeitpotenzial der ersten sechs Lebensjahre kann und darf nicht einfach übersehen werden, zumal alle Kindertageseinrichtungen in Deutschland schon seit mehr als 30 Jahren einen eigenständigen Erziehungs-, Betreuungs- und Bildungsauftrag besitzen. Ebenso tragen Eltern – wissentlich oder unbewusst – durch ihre Art der Beziehung zum Kind und durch ihre alltäglichen Handlungsweisen im Umgang mit dem Kind dazu bei, wie die Schulfähigkeit eines Kindes aufgebaut wird.

Die Merkmale der Schulfähigkeit

Was wir im gemeinsamen Leben
mit Kindern brauchen,
ist keine neue Theorie über Erziehung und Entwicklung,
sondern ein neues Umgehen
mit allen uns bisher bekannten Ereignissen.
Allerdings ist es nicht ausgeschlossen,
dass ein neues Umgehen mit den Ereignissen
zu einer neuen Theorie führt,
die letztlich dann Gültigkeit erhält,
wenn sie sich in der PRAXIS wiederfindet.

(A.K.)

In der Definition zur Schulfähigkeit ist von einer Summe ganz bestimmter Verhaltensmerkmale und Leistungseigenschaften eines Kindes die Rede, die es braucht, um gerade im Anfangs-unterricht (aber auch während der gesamten weiteren Schul-zeit) Lernimpulse aufzugreifen, zu vertiefen und für Lernaus-einandersetzungen zu nutzen.

Nun geht es darum, diese Aussage anhand praktischer Bei-spiele zu erklären und als *konkrete Merkmale* auf den Punkt zu bringen. Die vorgenommenen Beispiele stehen dabei nur stell-vertretend für weitere Beispiele.

Damit schon von Anfang an eine grundsätzliche Gliederung und Struktur berücksichtigt ist, sind die jeweiligen Merkmale den betreffenden Bereichen zugeordnet.

Emotionale Schulfähigkeit

Darunter sind alle Kriterien aufgeführt, die den Kindern helfen, gefühlsmäßige Verunsicherungen und Irritationen zu überwinden beziehungsweise abzuwehren, um nicht durch emotionale Blockaden beispielsweise wichtige Lernimpulse zu überhören oder sich ihnen gegenüber zu verschließen.

In jedem Unterrichtsfach und in allen Schuljahren kommt es immer wieder zu der Situation, dass schwerere Aufgaben, die Kinder zu lösen haben, folgende oder ähnliche Gefühle und Gedanken provozieren: »Das schaffe ich nie! Das werde ich nie kapieren! Ich weiß gar nicht, was die Lehrerin von mir will; ja, ich weiß gar nicht, wovon sie zurzeit spricht.« Kinder erleben solche oder vergleichbare Situationen wie eine schwere Last, die auf ihnen drückt und dazu führen kann, sich zurückzuziehen und zu resignieren. Dann werden beispielsweise Ablenkungen gesucht und Kinder verabschieden sich Stück für Stück aus dem gesamten Unterrichtsgeschehen.

In diesem Fall entscheidet die *Belastbarkeit* darüber, ob und wie stark beziehungsweise wie lange eine Belastung von einem Kind Besitz ergreifen kann und dazu führt, dass Kinder für Lernleistungen nur eingeschränkt oder gar nicht mehr zur Verfügung stehen.

Stellen wir uns einmal vor, dass ein Kind die Antworten auf die Fragen einer Lehrkraft weiß und sich immer wieder meldet, um aufgerufen zu werden, weil es gerne unter Beweis stellen möchte, dass es etwas weiß. Nun ist bekannt, dass selbstverständlich nicht alle Kinder, die sich melden, ihren Wortbeitrag loswerden können und sie damit ihre Hoffnungen begraben müssen, bei jeder gewussten Antwort sprechen zu können.

In diesem Fall ist die Fähigkeit von Kindern gefordert, *Enttäuschungen ertragen zu können*. Haben Kinder diese Fähigkeit nicht, fallen sie schnell in resignatives Verhalten (»Es lohnt sich ja sowieso nicht, sich zu melden, weil immer die anderen Kinder vorrangig beachtet werden.«) oder sie reagieren mit gezeigten Aggressionen.

Angenommen, Kinder werden im Unterrichtsstoff mit Inhalten konfrontiert, die ihnen noch völlig neu und unbekannt sind. Oder in Klassenarbeiten kommen Aufgabenstellungen vor, die den bisherigen Aufgaben (auf den ersten Blick?) nicht ähnlich sind. Oder: Durch die Krankheit einer Lehrkraft kommt eine neue Lehrerin in die Klasse und zeigt einen anderen Unterrichtsstil, als die Kinder ihn bisher gewohnt waren:

Stets geht es darum, dass Kinder in der Lage sind, *sich neuen Situationen zu stellen* beziehungsweise *neuen Situationen möglichst angstfrei zu begegnen*.

Es gehört zu jedem Unterrichtsfach dazu, dass es schwerere und leichtere Aufgabenstellungen gibt. Bei einer Vielzahl von Aufgaben wird es passieren, dass Kinder trotz unterschiedlicher Versuche, eine Aufgabe zu lösen, nicht sofort zu einem richtigen Ergebnis kommen. Nach zwei, drei oder vier »Fehlversuchen« könnte es sein, dass sie folgende Gedanken entwickeln: »Ich bin so blöd, ich werde es nie kapieren, wozu ein neuer Lösungsversuch günstig wäre.« Oder: »Wenn ich schon zweimal alles verkehrt gemacht habe, wird's beim dritten Mal mit Sicherheit auch nicht richtig.« Oder: »Wenn ich es bisher nicht kapiert habe, werde ich es auch in Zukunft nicht verstehen. Also lasse ich es gleich sein.«

Hier zeigt sich, ob Kinder *Zuversicht in ihr eigenes Lernpotenzial* besitzen und emotional zuversichtlich weitere Lösungsversuche zur Aufgabenstellung unternehmen.

Die *vier Basiskompetenzen* (= grundlegenden Fähigkeiten) im Bereich der *emotionalen Schulfähigkeit* lauten:

- Merkmale einer Belastbarkeit besitzen,
- auch kleinere oder größere Enttäuschungen ertragen können,
- sich neuen, unbekannten Situationen möglichst angstfrei stellen können und
- Zuversicht in eigene Lernmöglichkeiten besitzen.

Soziale Schulfähigkeit

Ein Klassenverband ist wie jede andere Gruppe, in der sich Kinder gemeinsam mit anderen Kindern aufhalten, ein soziales Gebilde, in dem nicht jeder machen kann, was er möchte. Es ist nicht möglich, einfach eigenen Wünschen und Vorlieben nachzugehen, unabhängig davon, ob dadurch andere Kinder gestört oder am Lernen gehindert werden oder nicht. Ein Klassenverband ist ein besonderes soziales Feld, das in erheblichem Maße darüber entscheidet, ob und wie intensiv bestimmte Lernerfahrungen gemacht werden können.

Stellen wir uns vor, in einer Gruppe von über 20 Menschen würde jede einzelne Person das starke Verlangen haben, individuell und jederzeit zu reden, zu erzählen, Fragen zu stellen oder irgendwelche Berichte preiszugeben, ohne darauf zu achten, ob sich andere Personen gestört oder gar belästigt fühlen. Schnell entstünde ein Chaos, in dem beispielsweise alle durcheinander reden würden, die Lautesten vielleicht zu hören wären und gemeinsame Zielsetzungen damit definitiv nicht erreicht werden könnten.

Hier ist die Fähigkeit des *Zuhörens* gefragt: andere Redner bis zum Schluss aussprechen zu lassen, eigene Wortbeiträge kurzfristig aufschieben zu können und abzuwarten, bis man selbst an der Reihe ist, sprechen zu können.

In einem Gruppenverbund (hier: Klassenverband) ist es für eine Gruppenleiterin oder einen Gruppenleiter (hier: Lehrkraft) nicht möglich, zu jeder Zeit und im Hinblick auf die Erfüllung von Arbeitsaufgaben jedes Gruppenmitglied (hier: Schüler/-in) individuell anzusprechen, diese oder jene Aufgabenstellung zu erfüllen. Also gibt es so genannte generalisierte Informationen an die Gruppe.

Beispiele: »Also, Kinder: Nehmt euch bitte das Fachbuch ... vor, schlagt die Seite ... auf und berichtet mal, was ihr auf dem Bild dort alles erkennen könnt.« Oder: »Schaut bitte einmal auf das, was ich hier in der Hand habe, und merkt euch bitte möglichst ganz viele Einzelheiten, die ihr erkennen könnt.« Oder: »Versucht einmal das, was ich hier auf die Tafel male, in euer Heft abzumalen.« Stets geht es um die Ansprache *aller* Kinder, ohne dabei jedes Kind einzeln, mit seinem Vornamen, anzusprechen.

Diese Fähigkeit umfasst die *Ansprechbarkeit innerhalb einer Gruppe*, in der jedes Kind den Eindruck hat, persönlich gemeint zu sein.

Jede Gruppe besteht zwar aus Menschen mit individuellen Lebensgeschichten, Persönlichkeitsmerkmalen, individuellen Vorlieben und Abneigungen, Wünschen und Hoffnungen, Absichten und Vorstellungen, was zurzeit besonders gut, spannend, attraktiv und schön wäre, doch gehört es zum Gruppenleben dazu, diese individuellen Impulse mit den aktuellen Gegebenheiten und Notwendigkeiten abzugleichen. Besonders in dieser Phase ist es unumgänglich, dass die Gruppenmitglieder soziale Umgangsformen an den Tag legen, die es möglich machen, zu bestimmten Übereinstimmungen untereinander zu finden.

Dazu bedarf es einer Beachtung hilfreicher Umgangsregeln. So gehört zur sozialen Schulfähigkeit die Kompetenz, wichtige *Regelbedeutungen zu erfassen und sinnvolle Regeln überwiegend einhalten zu können*.

Wenn Kinder – wie Erwachsene auch – in einer Gruppe sind, wird es nicht ausbleiben, dass unterschiedliche Vorstellungen bei gemeinsamen Arbeitsschritten, Vorgehensweisen oder Planungsvorhaben zu Konflikten führen. Bekannterweise gehören Konflikte zu jeder Gruppe dazu. Insofern stellt sich im Hinblick auf die Merkmale der Schulfähigkeit weniger die Frage, ob Konflikte auftreten, vielmehr ist von Bedeutung, *wie* diese Konflikte untereinander ausgetragen werden.

Viele Berichte aus Kindertagesstätten und Grundschulen weisen seit Jahren sehr deutlich auf eine Zunahme von teilweise sehr gewaltorientiertem Verhalten hin: Es wird getreten und geschlagen, gebissen und gekratzt, gewürgt und an den Haaren gerissen, selbst wenn schon längst »der Sieger feststeht«. Andere Konfliktregelungen wie miteinander zu reden, Positionen sprachlich gegenüberzustellen oder gemeinsam nach konstruktiven Konfliktlösemöglichkeiten zu suchen, werden immer weniger in der Praxis beobachtet.

Ein unverzichtbares Merkmal der sozialen Schulfähigkeit ist daher auch die Fähigkeit eines Kindes, ein überwiegend *konstruktives Konfliktlöseverhalten* zur Verfügung zu haben, um Streitigkeiten sozial verträglich regeln zu können.

Die *vier Basiskompetenzen* im Bereich der *sozialen Schulfähigkeit* lauten:

- anderen Menschen zuhören können,
- sich in einer Gruppe auch dann angesprochen fühlen, wenn man nicht persönlich angesprochen wird,
- wichtige Regelbedeutungen, die für ein Zusammenleben mit anderen Menschen bedeutsam sind, erfassen und sinnvolle Regeln überwiegend einhalten können,
- konstruktive Konfliktlöseverhaltensweisen kennen und umsetzen können.

Motorische Schulfähigkeit

Wie oben beschrieben, achteten in früheren Jahren und Jahrzehnten, als die motorische Schulfähigkeit der »körperlichen Schulreife« gleichgesetzt wurde, Schulärzte und -ärztinnen hauptsächlich auf den »Gestaltswandel« und eine allgemeine gute Gesundheit des Kindes. Vor allem kleinere, »schmächtigere« Kinder hatten es schwer, eine »körperliche Schulreife« bescheinigt zu bekommen, weil man annahm, dass diese Kinder eher erkranken könnten, sich gegenüber stärkeren Kindern nicht durchsetzen würden und damit lieber zurückgestellt werden sollten, um dieses Rückstellungsjahr als Zeit der Stärkung und Erholung zu nutzen. Heute weiß man, dass eine motorische Schulfähigkeit ganz andere Merkmale umfasst, die Berücksichtigung finden müssen.

Ein wesentlicher Teil des Schulunterrichts besteht neben einer aktiven Unterrichtsteilnahme, der mündlichen Beteiligung und dem Zuhören, der aktiven Unterrichtsmitgestaltung und der Gruppenarbeit mit anderen Kindern vor allem in der Tätigkeit des Schreibens. Hier ist es von Vorteil, wenn das Kind einen Schreibstift entspannt in seiner Hand halten, flüssige Handbewegungsabläufe ausführen und Begrenzungslinien erkennen und akzeptieren kann, statt eckige Bewegungsabläufe aufzuweisen, Begrenzungslinien als optische Hindernisse zu erleben, mit starkem Schreibdruck das Vorlagenpapier durchzudrücken und die Stiftführung verkrampft oder zitternd auszuführen.

Diese Fähigkeit wird als *viso-motorische Koordination beziehungsweise Finger- und Handgeschicklichkeit* bezeichnet und wird häufig mit dem Oberbegriff *Graphomotorik* zusammengefasst.

Stellen wir uns einmal vor, dass ein Kind sich durch bestimmte Aufgabenstellungen im Unterricht überfordert fühlt, dass es Sorge hat, den Anschluss an die aktuellen Inhalte zu verlieren oder dass es beispielsweise einen Tipp braucht, um in der gestellten Aufgabe weiterarbeiten zu können. Kinder haben nun grundsätzlich drei Möglichkeiten in ihrem Verhaltensspektrum, diese Situation zu regeln. Erstens können sie sich zurückziehen und abwarten, bis vielleicht die Lehrkraft auf sie aufmerksam wird und das Kind fragt, wo es stecken geblieben ist beziehungsweise welche Hilfe zur Weiterarbeit es benötigt. Die Devise dieses Kindes könnte bildlich gesprochen lauten: »Abwarten und Tee trinken.« Zweitens könnte das Kind eigene Vermutungen anstellen, wie vielleicht die Aufgabenstellung gemeint sein könnte, um dann mit Hilfe eigener Vermutungen an die Arbeit zu gehen. Die Devise dieses Kindes könnte lauten: »Irgendwas machen ist immer noch besser als dumm rumzusitzen.« Drittens schließlich könnte das Kind zu seiner Aufgabenlösung kommen, indem es aktiv und von sich aus die Lehrkraft anspricht und fragt, was nun genau zu tun sei, wie der nächste Arbeitsschritt aussehen sollte und wie bestimmte Schwierigkeiten gemeistert werden könnten.

Hier geht es also um ein *eigeninitiatives Verhalten*, von sich aus Schritte zu unternehmen, um weiter voranzukommen.

Beobachtungen in den unterschiedlichen Schulklassen und Berichte von Schüler(n)/-innen machen deutlich, wie stark sehr viele Kinder ganz bestimmten Belastungen ausgesetzt sind. Sei es der hohe Lärmpegel in der Klasse, sei es die Tatsache, dass viele Kinder während und außerhalb des Unterrichts geärgert werden, sei es, dass einige Schüler/-innen Erpressungen ausgesetzt sind oder in anderer Art und Weise unter Druck gesetzt werden. Solche Ereignisse und Erlebnisse belasten Kinder in der Regel stark und führen dann zu Lernblockaden im Unterricht, vor allem wenn sie nicht nur einmalig vorkommen, sondern über einen längeren Zeitraum Bestand haben. Leider unternehmen viele Kinder nichts gegen solche Situationen, weil sie das Gefühl haben, sie nicht verändern zu können beziehungsweise zur Eskalation zu bringen, wenn sie sich selbstbewusst zur Wehr setzen – in welcher Form auch immer.

Kinder brauchen daher die Fähigkeit, *Belastungen aktiv verändern zu wollen und verändern zu können*, weil gerade für ein aktives Lernverhalten ein möglichst ausgewogenes Verhältnis von Spannung *und* Entspannung nötig ist. Belastungen provozieren am laufenden Band Anspannungen, mit der Folge, dass beispielsweise die Wahrnehmungsfähigkeit und die Bereitschaft, Lernimpulse aufzunehmen, deutlich eingeschränkt sind.

Um sich in der Schule – selbstverständlich nicht nur dort – auf entsprechende Lernimpulse einlassen zu können, ist es unumgänglich, dass ein Kind in seiner bisherigen Entwicklungszeit verschiedenste Möglichkeiten genutzt hat, sich selbst und seinen Körper wahrzunehmen, um aus dieser »Innenwahrnehmung« und der Einschätzung seines vielfältigen Könnens nun seine Konzentration auf die Welt der »Außenwahrnehmung« zu richten. Aus der Frage »Was kann ich?« wird die Antwort »Das kann ich!« folgen. Kinder mit einem weiten Spektrum und einer guten Kompetenz an »Innenwelterfahrung« (»Das kann ich alles mit meinen Füßen, Beinen, Armen, Fingern, mit meinem Bauch, mit meinem Hals, mit meinem Kopf und meinen Augen, meinen Ohren und meinem Mund, meinem Po und meinen Zehen, meinen Schultern und meinen Fersen machen ...«) haben Freude daran, ihre Fähigkeiten auf unterschiedlichste Weise zu erproben, und suchen in ihrer Außenwelt ständig entsprechende Erfahrungsräume. All diese grobmotorischen Erfahrungen führen Kinder zu einem immer stärkeren Gefühl der körperlichen Sicherheit und tragen automatisch dazu bei, dass sie ihre Wahrnehmung »schulen« – eine Voraussetzung zur Wahrnehmungsdifferenzierung im Unterricht.

Insofern gehört ebenfalls zur motorischen Schulfähigkeit, dass Kinder eine ausgeprägte *Gleichgewichtswahrnehmung*, *taktile* (Berührungs-/Tast-) und *kinästhetische* (Muskel- und Bewegungs-)*Wahrnehmung* besitzen.

Die *vier Basiskompetenzen* im Bereich der *motorischen Schulfähigkeit* lauten:

- viso-motorische Koordination, Finger- und Handgeschicklichkeit (Graphomotorik),
- eigeninitiatives Verhalten zeigen können,
- Belastungen erkennen und aktiv verändern wollen und können sowie
- Gleichgewichts-, taktile und kinästhetische Wahrnehmung besitzen.

Kognitive Schulfähigkeit

Wie im Kapitel »Schulfähigkeit – ein Begriff in der Diskussion« schon erwähnt, ist dieser Schulfähigkeitsbereich in der Vergangenheit bis in die Gegenwart hinein der Teilausschnitt, der eine außergewöhnlich große Gewichtung bei der Schulfähigkeitsprüfung spielte und immer noch spielt. Fachlich war und ist diese Hauptgewichtung zu keinem Zeitpunkt gerechtfertigt, hat sich doch gezeigt, dass die kognitive Schulfähigkeit allein in keiner Weise eine verlässliche Prognose über einen erfolgreichen Schulbesuch abgeben kann. Dennoch ist damit natürlich nicht gesagt, dass dieser Bereich keine Rolle spielt!

Kinder – wie Erwachsene auch – sind meist von unzähligen Einflüssen und Reizeinwirkungen umgeben, sei es von Geräuschen (Stimmen, Autolärm, Stühlerücken, Musik, Türenschlagen, Fluglärm, herunterfallende Gegenstände, Schritte usw.), optischen Impulsen (Menschen, die sich bewegen, Bilder, Lichtquellen, Fahrzeuge, Naturerscheinungen usw.), taktilen Reizen (alle sensorischen Körperwahrnehmungen) und olfaktorischen Signalen (alles, was zu riechen ist). Nahezu ständig wirken diese Einflüsse auf die Wahrnehmungskanäle des Menschen ein und tragen dazu bei, dass es in vielen Situationen schwierig ist, anstehende Aufgabenstellungen gezielt zu erledigen. Vor allem fällt es dann schwer, bei einer Sache zu bleiben, wenn entsprechende Außenreize starke Störimpulse aussenden oder so attraktiv sind, dass man lieber etwas anderes machen würde, als die derzeitige Aufgabe zu erfüllen. Dennoch ist es im Sinne des Lernens unverzichtbar, dass sich Kinder längerfristig mit einer gestellten Aufgabe beschäftigen und aktiv auseinander setzen, ohne abgelenkt zu sein oder schon nach sehr kurzer Zeit zu ermüden.

So gehört zur kognitiven Schulfähigkeit zunächst ein ausgeprägtes Maß an *Konzentrationsfertigkeit, Ausdauer* und *Auf-*

merksamkeit im Hinblick auf die Arbeit an einer Aufgabe oder in der Kompetenz, zielgerichtet und interessiert dem gesprochenen Wort zuzuhören. Von einer guten Konzentrationsfertigkeit beziehungsweise Aufmerksamkeit wird dann gesprochen, wenn sich ein Kind ca. 15–20 Minuten ohne Ablenkung oder Ermüdung ganz mit der aktuellen Fremdthematik beschäftigen kann.

Ein Schulunterricht besteht hauptsächlich aus einer ständigen Kommunikation zwischen den Lehrkräften und den Schüler(n)/-innen, indem beispielsweise gemeinsam Lösungsmöglichkeiten für neue Aufgaben gesucht, Problemstellungen besprochen und Sinnbedeutungen erfasst werden. Dabei beziehen sich die inhaltlichen Schwerpunkte einerseits auf zurückliegende Erkenntnisse oder bisherige Ergebnisse, andererseits auf vergangene, tatsachenorientierte Gegebenheiten. Insofern ist in einem Lernprozess nicht nur die aktuelle Aufmerksamkeit gefragt, sondern auch die Fähigkeit, rückwärtige Tatsachen mit der Gegenwart zu verbinden.

An dieser Stelle kommt es bei Kindern auf das so genannte *auditive Kurzzeitgedächtnis*, die *auditive Merkfähigkeit* und das *visuelle Gedächtnis* an, indem sie bisher Gehörtes gedanklich speichern und wiedergeben, Inhalte erfassen und die wichtigsten Aussagen in einem logischen Zusammenhang nacherzählen und optisch wahrgenommene Bilder ebenfalls erfassen und wiedergeben können.

Jeder »Lernstoff« wird nur dann als eine Möglichkeit der eigenen Auseinandersetzung mit diesem thematischen Schwerpunkt verstanden, wenn er für die lernende Person eine entsprechende Bedeutung besitzt. Hier geht es Kindern nicht anders als Erwachsenen: Das, was interessant ist, wird beachtet und aufgegriffen, und das, was ohne Interesse ist, wird links liegen gelassen und bleibt unbeachtet. Nun wäre es eine Utopie anzunehmen oder zu hoffen, dass jeder Lernstoff für Kinder interessant ist. Gleichzeitig wäre es für Lehrer/-innen eine Überforderung – und eine »unmenschliche« Leistung dazu –, wenn *jeder* Unterrichtsstoff zu *jedem* Zeitpunkt für *alle* Kinder in höchstem Maße interessant aufgebaut sein müsste. Also muss auch davon ausgegangen werden, dass Kinder selbst ihren eigenen Teil dazu beitragen, Inhalte mit einem subjektiven Bedeutungswert zu versehen.

Gemeint ist damit ein eigenes *Neugierdeverhalten*, ein *eigenes Lerninteresse* an der Auseinandersetzung mit fremden Lerninhalten, die vielleicht auf den ersten oder auch zweiten Blick noch »langweilig« zu sein scheinen. Lerninhalte können durchaus als eine persönliche Herausforderung verstanden werden, um etwas Neues wissen und Unbekanntes in Bekanntes verändern zu wollen.

Lernen ist im Wesentlichen eine Abfolge von systematisch aufgebauten Inhalten, bei denen es zunächst um sehr einfache Erkenntnisse oder Tatsachen geht, die dann mit zunehmender Zeit immer differenzierter (aufgeschlüsselter) und schwieriger werden. Hier bietet sich der Vergleich an, wie beispielsweise ein Mensch, der noch nie in seinem Leben ein Auto selbst gesteuert hat, über die theoretische Unterweisung in einer Fahrschule bis hin zur Nutzung der praktischen Fahrstunden zu einem guten Autofahrer werden kann. Stück für Stück, Schritt für Schritt baut sich eine entsprechende Kompetenz auf, um ein optimales Ergebnis (und Verstehen) zu erreichen. Bedeutsam ist dabei, dass alle bisherigen Lernschritte beibehalten und in einer Vernetzung mit den aktuellen Lernschritten betrachtet, verinnerlicht werden.

Kinder brauchen daher – und dies nicht nur für ihre Schulfähigkeit, sondern für das gesamte Leben – die Fähigkeit, ein *folgerichtiges (korrekt schlussfolgerndes) Denken* zu besitzen und ständig auszubauen, um *Beziehungen und Gesetzmäßig-*

keiten zu *erkennen und zu erfassen*, im Sinne der Zusammenhänge »wenn ... dann«, »weil ... darum« oder »erst ... dann«.

Die *vier Basiskompetenzen* im Bereich der *kognitiven Schulfähigkeit* lauten:

- Konzentrationsfertigkeit, Ausdauer und Aufmerksamkeit besitzen,
- ein auditives Kurzzeitgedächtnis, eine auditive Merkfähigkeit und ein visuelles Gedächtnis zur Verfügung haben und nutzen können,
- ein eigenes Neugierdeverhalten zeigen und ein eigenes Lerninteresse umsetzen können,
- ein folgerichtiges Denken besitzen und Beziehungen sowie Gesetzmäßigkeiten erkennen.

Diese insgesamt 16 Merkmale einer Schulfähigkeit sind zunächst nur als Begriffe definiert und können einen sehr weiten Spielraum umfassen, sodass sich viele neue Fragen ergeben. Beispielsweise:

»Muss ein Kind denn nun zu allen Zeiten und in allen Situationen belastbar sein? Darf es zum Beispiel nicht weinen, wenn ihm etwas versprochen wurde, das Versprechen nicht eingehalten werden konnte und die Enttäuschung entsprechend groß ist? Wenn andere Kinder dieses Kind ärgern, vielleicht sogar massiv unter Druck setzen: Soll es dann alles schweigend erdulden und sich nicht zur Wehr setzen? Was ist, wenn das Kind einen traurigen Film sieht oder wenn es sein Lieblingsspielzeug verloren hat: Darf es dann nicht die Fassung verlieren und schimpfen?«

»Muss ein Kind denn immer zuhören, auch wenn beispielsweise die Erwachsenen pausenlos miteinander sprechen, ohne das Kind mit seinen Wünschen oder Bedürfnissen zu beachten? Muss es wirklich den Mund halten und zuhören, wenn Erwachsene auf ein Kind einreden und es nicht zu Wort kommen lassen?«

»Geht es darum, dass ein Kind alle Regeln, die zu Hause, im Kindergarten oder in der Schule bestehen, immer einhält? Was ist, wenn das Kind ständig die Regel bricht, dass es nie sein Zimmer aufräumt? Ist der Punkt ›Regeleinhaltung‹ schon dann nicht erfüllt, wenn das Kind die Zeiten, pünktlich zum Essen zu kommen oder pünktlich zu Bett zu gehen, überhört und seine eigenen Regeln aufstellt und beachtet?«

»Zeigt das Kind dann schon grundsätzlich kein eigeninitiatives Verhalten, wenn es ab und zu darüber klagt, ihm sei so langweilig und es wisse gar nicht, was es machen oder spielen solle? Was ist, wenn aus der Verabredung mit dem Freund oder der Freundin nichts geworden ist: Muss es sich dann immer sofort selbstständig beschäftigen?«

Die Liste der Fragen könnte endlos fortgeführt werden. Daher scheinen einige Erklärungen angebracht:

Schaut man sich die eben aufgeführten Beispiele an, so fallen schnell bestimmte Wörter auf: »immer«, »zu allen Zeiten«, »grundsätzlich«, das heißt ohne Ausnahme, »alle(s)«. Zum einen ist mit den 16 definierten Merkmalen einer Schulfähigkeit nicht gesagt, dass ein Kind eine hundertprozentige Ausprägung eines bestimmten Verhaltens zeigen muss, um seine Schulfähigkeit unter Beweis zu stellen. Solche »Ideal-Kinder« mag es vielleicht auf einem anderen Stern geben, nicht jedoch auf dieser Welt. Zum anderen sollte es auch gar nicht solche »Ideal-Kinder« geben, würden sie in diesem Fall doch eher Maschinen oder roboterartigen Gestalten gleichkommen, die nichts Menschliches mehr an sich hätten.

Jedes dieser 16 Merkmale kann selbstverständlich in seinem Grad der Ausprägung unterschiedlich eingeschätzt werden: Das Kind kann jede dieser Basiskompetenzen

- ausgesprochen häufig/sehr häufig
- eher häufig/überwiegend
- eher wenig/kaum
- so gut wie nicht/sehr wenig

beziehungsweise

- sehr ausgeprägt
- ausgeprägt
- kaum ausgeprägt
- so gut wie nicht ausgeprägt

aufweisen. Insofern richtet sich die Einschätzung in erster Linie nach der Menge (Häufigkeit) und der qualitativen Prägung (Intensität).

Erst wenn *mehrere* Merkmale der Schulfähigkeit eher wenig/kaum/gering ausgeprägt sind, ist es gut möglich, dass ein Kind einen schwierigen Schulstart haben *kann*. Sollten dagegen nur *einzelne*, wenige Merkmale beeinträchtigt sein, können, so zeigt die Praxis immer wieder, durch häusliche und schulische Maßnahmen solche Schwierigkeiten auch noch nach einer Einschulung positiv verändert werden. Allerdings – und das wird an späterer Stelle noch ausgeführt – sind dafür bestimmte Maßnahmen notwendig.

Eine realistische Einschätzung ergibt sich am besten immer (!) aus einer ausführlichen Sammlung von Situationen, die im Laufe mehrerer Monate zu beobachten waren. Das heißt, bei dieser Einschätzung geht es

- um einen größeren Beobachtungszeitraum,
- um die Beobachtung des Kindes in ganz unterschiedlichen Situationen (im Haus, außerhalb des Hauses) und
- um wirkliche, tatsächliche Beobachtungen – und nicht um vorschnelle Vermutungen.

Damit solche unterschiedlichen Beobachtungen möglich sind, wird dringend empfohlen, nicht nur selbst (als Erzieher/-in oder als Elternteil) eine Einschätzung vorzunehmen, sondern auch andere Personen zu befragen, die mit dem Kind zusammen waren oder sind. Eltern sollten Freunde, Verwandte, Nachbarn und Erzieher/-innen des Kindergartens aufsuchen, um nachzufragen beziehungsweise sich berichten zu lassen, wie sich das Kind in bestimmten Situationen verhält. Erzieher/-innen sollten Kollegen und Kolleginnen aus anderen Gruppen und die Eltern selbst befragen, welche Beobachtungen sie bei dem Kind gemacht haben, um auf diese Weise eine Einschätzung möglichst sicher und kompetent vornehmen zu können.

Einschätzungen aus Beobachtungen haben nur dann wirkliche Aussagekraft, wenn man selbst nicht die Absicht hat, lediglich eine eigene Meinung zu bestätigen, sondern die Offenheit besitzt, das *Kind* selbst in den Mittelpunkt (s)einer Entscheidung zu bringen, um so möglichst unverfälschte, objektive Aussagen treffen zu können.

Gerade Eltern fällt es nicht immer leicht, möglichst realistische Einschätzungen vorzunehmen, weil es verständlicherweise schwer ist, bestimmte Schwierigkeiten des eigenen Kindes zu sehen und auszusprechen. Einschränkungen im Verhalten des Kindes werden von Eltern als ein persönliches Versagen erlebt, und kein Mensch auf dieser Welt gibt unbefangen oder unbekümmert zu, hier vielleicht selbst versagt zu haben beziehungsweise Schuld daran mitzutragen, dass es so ist, wie es ist. Dennoch muss versucht werden, ein weitestgehend realistisches Bild vom Kind und seiner Situation zu bekommen, weil es nur dadurch möglich sein wird, die Schulfähigkeit möglichst präzise zu erfassen.

Je fester die Person, die entsprechende Aussagen zur Schulfähigkeit eines Kindes vornehmen möchte, von der Schul-(un)fähigkeit des Kindes überzeugt ist, desto nötiger zeigt sich in der Praxis, dass auch andere Personen zu ihren Beobachtungen befragt werden. Sonst geschieht es schnell, dass man sich selbst im Kreis bewegt und nur ganz bestimmte Wahrnehmungen zulässt.

Künstlich hergestellte Situationen geben *nie* ein »objektives« Bild zur Entwicklungssituation eines Kindes wieder. Würde ein Kind beispielsweise aus einem Spiel herausgerissen werden, um etwas Bestimmtes zu malen (zur »Überprüfung seiner viso-motorischen Koordination«), wäre es verständlich, dass das Kind sein Bild möglichst schnell (und damit gehetzt) hinkritzelt, um wieder zum ursprünglichen Spiel zurückkehren zu können. Oder würde einem Kind, das gerade mit etwas ganz anderem beschäftigt ist, ein Buch mit irgendwelchen Bildern vorgelegt werden, in der Hoffnung, es möge »Neugierdeverhalten« zeigen, und würde nachgefragt werden, was dort abgebildet sei, wozu es das gebe etc., würde vielleicht die kindliche Reaktion provoziert werden, dass es mit verschränkten Armen dasitzt und gar nichts fragt oder sagt – dies, um möglichst schnell dieser »Prüfung« zu entkommen.

Die Merkmale einer Schulfähigkeit können daher am besten in den vielfältigen Situationen des *Alltags* von Kindern beobachtet werden, vor allem bei den Gelegenheiten, in denen die Kinder gar nicht die »künstliche Situation« einer Beobachtung bemerken.

Die 16 Merkmale der Schulfähigkeit sollen an dieser Stelle noch einmal in einer Übersicht dargestellt werden:

Basiskompetenzen	
emotionale Schulfähigkeit	**soziale Schulfähigkeit**
• Belastbarkeit besitzen • Enttäuschungen ertragen können • neue, unbekannte Situationen angstfrei wahrnehmen • Zuversicht besitzen	• zuhören können • sich in einer Gruppe angesprochen fühlen • Regelbedeutungen erfassen und Regeln einhalten können • konstruktive Konfliktlöseverhaltensweisen haben
motorische Schulfähigkeit	**kognitive Schulfähigkeit**
• viso-motorische Koordination, Finger- und Handgeschicklichkeit besitzen • eigeninitiatives Verhalten zeigen • Belastungen erkennen und aktiv verändern können • Gleichgewichts-, taktile und kinästhetische Wahrnehmung haben	• Konzentrationsfertikeit, Ausdauer und Aufmerksamkeit besitzen • ausgeprägtes auditives Kurzzeitgedächtnis, auditive Merkfähigkeit und ein visuelles Gedächtnis haben • Neugierdeverhalten und Lerninteresse zeigen • folgerichtiges Denken besitzen, Beziehungen und Gesetzmäßigkeiten erkennen

Es ist kein Zufall, dass schon in den bisherigen Ausführungen die *emotionale Schulfähigkeit* an erster Stelle genannt wurde, zumal dieser Bereich *die Grundlage* für alle anderen Merkmale bildet. *Gefühle* – beispielsweise eine seelische Ausgeglichenheit, eine Ausgewogenheit von Spannung und Entspannung, eine hohe seelische Zufriedenheit und eine weitestgehend angstfreie Grundstimmung – sorgen im Leben von Menschen dafür, dass sich auch andere Fähigkeiten und Fertigkeiten besser aufbauen und entwickeln können.

Einige Beispiele:

Wer in seiner Persönlichkeit ausgeglichen ist, kann neue Situationen mit einem größeren Interesse wahrnehmen als jemand, der unausgeglichen und damit unzufrieden durch die Welt geht, weil er mehr mit sich selbst beschäftigt ist, als sich der Welt zuwenden zu können. (Hier steht *erst* das Gefühl, *dann* die kognitive Leistung.)

Wer gelernt hat, mit Belastungen umzugehen, wird sich auch nicht scheuen, Anstrengungen auf sich zu nehmen, um eine entsprechend schwere Aufgabe zu lösen. Ist ein Mensch dagegen sehr belastet, wird er neuen Herausforderungen eher aus dem Weg gehen, weil er weiß und spürt, dass ansonsten neue Probleme zu den schon bestehenden dazukommen. (Hier steht *erst* das Gefühl, *dann* die motorische Leistung.)

Wer die tiefe Zuversicht besitzt, dass alle Schwierigkeiten dazu da sind, um gelöst zu werden, und wer die Überzeugung in sich trägt, Dinge zu verändern und Schwierigkeiten zu lösen, wird sich bei Problemen eher in der Lage sehen, bisherige (fehlgeschlagene) Lösungsversuche mit aktuellen Gedanken zu verknüpfen, um aus gewonnenen Erkenntnissen neue Handlungsstrategien zu entwickeln. (Hier steht *erst* das Gefühl, *dann* die kognitive Leistung.)

Wer Vertrauen in die eigene Person hat und die Überzeugung besitzt, dass Konflikte eine Herausforderung sind, um eigene und fremde Bedürfnisse miteinander abzugleichen, wird sich in Konfliktsituationen selbst weitaus weniger angegriffen fühlen und auf aggressive Verhaltensweisen verzichten können. Wer dagegen in seinem Selbstwertgefühl stark eingeschränkt ist, hat in einer Konfliktsituation stets den Eindruck, er könne (a) sowieso nichts ändern, und wird sich daher schnell als »Verlierer« einstufen. Oder er unterliegt dem Eindruck, gerade jetzt müsse er (b) auf Biegen und Brechen alles daransetzen, den Konflikt in seinem Sinne zu regeln, um endlich einmal »Sieger« zu sein. (Hier steht *erst* das Gefühl, *dann* die soziale Leistung.)

Wer ein ausgewogenes Maß an innerer Ruhe besitzt, dem fällt es beispielsweise nicht schwer, bei Diskussionen zunächst einmal zu lauschen, was andere Personen mit anderen Situationseinschätzungen zu sagen haben, sodass er eine Umgangskultur pflegt, die unter anderem das Merkmal des Ausredenlassens beinhaltet. Ihm kommt es nicht darauf an, andere Menschen mit Worten zu beherrschen oder zu verletzten. Zuhören wird für ihn zu einem festen Bestandteil eines Konfliktgesprächs. Menschen, die ein hohes Maß an Unruhe in sich tragen, werden Angst haben, nicht rechtzeitig zu Wort zu kommen, zu kurz zu kommen oder überhört zu werden. Ihnen kommt es darauf an, möglichst rasch ihren Redebeitrag loszuwerden und, wenn nötig, das Gesagte mit entsprechender Lautstärke zu unterstützen. (Hier steht *erst* das Gefühl, *dann* die soziale Leistung.)

Wer fähig ist, empfindsam (nicht empfindlich!) für die eigenen seelischen Vorgänge zu sein und einen inneren Dialog (Zwiegespräch) mit sich selbst zu führen, was ihn ängstigt oder freut, was ihn aufregt oder was ihn ärgert, der wird diese Empfindsamkeit (Empathie) auch im Umgang mit anderen Menschen haben. Wer dagegen im Umgang mit anderen Menschen stets das Ziel hat, »besser« zu sein als andere, Fehler bei anderen zu suchen, und wer sich selbst als (nahezu) unfehlbar einschätzt, der wird weder sich selbst spüren noch in der Lage sein zu bemerken, wie es anderen Menschen tatsächlich in der Auseinandersetzung geht. (Hier steht *erst* das Gefühl, *dann* die soziale Leistung.)

Wer voller Angst ist und den Eindruck von sich selbst hat, immer alles falsch zu machen, für misslungene Situationen stets mitverantwortlich zu sein, nichts »auf die Reihe zu bekommen« oder nichts wirklich Wesentliches in seinem Privat-, Berufs- oder Schulleben beeinflussen oder verändern zu können, wird schnell die Hände in den Schoß legen und die Verantwortung für das, worüber er sich ärgert, an »Außenschuldige« delegieren. Der Bereich »Eigeninitiative« wird folglich immer weniger in Anspruch genommen und das Ganze gipfelt schließlich in der Erkenntnis, alle und alles hätte sich gegen einen selbst verschworen oder Situationen seien so verfahren, dass es nur noch gelte, möglichst unauffällig durchs Leben zu gehen beziehungsweise überall »die Schuldigen« zu brandmarken. (Hier steht *erst* das Gefühl, *dann* die motorische Leistung.)

Wer Enttäuschungen ertragen kann, in der gleichzeitigen Erkenntnis, Situationen (hier: bestimmte schwierige Lernleistungen) durch immer wieder neue Anstrengungsversuche zu meistern oder meistern zu können, der wird auch bei schwierigeren Aufgabenstellungen die nötige Ausdauer aufbringen, eine begonnene Arbeit zu Ende zu führen. Wer dagegen viele Enttäuschungen – durch eigenes Verhalten, durch andere Personen – mit sich herumträgt und neuen Herausforderungen ausgesetzt ist, wird gerne jede Ablenkung als willkommenen Anlass aufgreifen, um seine bisherige Konzentration auf andere, angenehmere Ablenkungen zu richten. Damit geht die Aufmerksamkeit für die eigentliche Aufgabenstellung verloren. (Hier steht *erst* das Gefühl, *dann* die kognitive Leistung.)

Diese Beispiele verdeutlichen, warum schon seit langer Zeit auch in der Diskussion um die Schulfähigkeit verstärkt vom »EQ« – dem *emotionalen Quotienten* – beziehungsweise von der »EI« – der *emotionalen Intelligenz* – gesprochen wird. Dieser emotionale Quotient beziehungsweise die emotionale Intelligenz zeichnet verantwortlich für die wirkliche Qualität der Fähigkeiten, mit sich selbst umgehen zu können und auch im Umgang mit anderen Menschen sowie mit kognitiven Herausforderungen (= Lernansprüchen) entsprechende Fähigkeiten und Fertigkeiten zu zeigen, die Problemlösungen in effizienter Form mit sich bringen.

Insofern kann die *emotionale Schulfähigkeit* als das Fundament der Schulfähigkeit überhaupt betrachtet werden. Um mit einem Bild zu sprechen: Stimmt das Fundament eines Hauses nicht, ist es brüchig, rissig oder in irgendeiner anderen Art und Weise »verletzt«, so finden die Aufbauten nur über einen begrenzten Zeitraum ihren Halt. Bricht das Fundament, stürzen die Aufbauten unweigerlich in sich zusammen. (Vgl. hierzu Abbildung auf Seite 90)

Wenn man nun versucht, die entwicklungspsychologisch bedeutsamen Vernetzungen zwischen den einzelnen Schulfähigkeitsbereichen und ihren besonderen Merkmalen herzustellen, ergeben sich folgende Verbindungen:

Grundlage: Kinder sind (im Großen und Ganzen) belastbar.
Folgen: Sie können leichter Regelbedeutungen erfassen und sind eher bereit, bedeutsame Regeln einzuhalten; ihnen fällt es leichter, viso-motorische Koordinationsaufgaben zielgerichteter auszuführen; sie weisen eine höhere Konzentrationsfertigkeit, eine höhere Ausdauer und größere Aufmerksamkeit auf.

Grundlage: Kinder können (im Großen und Ganzen) Enttäuschungen ertragen.
Folgen: Sie zeigen in Konflikten ein eher konstruktives Konfliktlöseverhalten; sie haben eine bessere Gleichgewichts-, taktile und kinästhetische Wahrnehmung; sie besitzen die Fähigkeit eines besseren folgerichtigen Denkens und erkennen besser Beziehungen und Gesetzmäßigkeiten von logischen Zusammenhängen.

Grundlage: Kinder nehmen (im Großen und Ganzen) neue, unbekannte Situationen angstfrei wahr.
Folgen: Sie nehmen sich eher als einen Teil der Gruppe, in der sie sich befinden, wahr und fühlen sich damit *auch* angesprochen; sie zeigen verstärkt ein eigeninitiatives Verhalten und warten nicht darauf, ständig beschäftigt oder angeleitet zu werden; sie besitzen aufgrund ihrer Angstfreiheit ein besser ausge-

**Der Aufbau der vier Schulfähigkeitsbereiche
EQ, SQ, MQ und IQ
(= emotionaler, sozialer, motorischer und Intelligenzquotient)**

Die Merkmale der
kognitiven Schulfähigkeit (IQ)
sind umso höher, je ausgeprägter
die drei Bereiche EQ, SQ und MQ sind.

**IQ
(= Grundlage für die kognitive Schulfähigkeit)**

**MQ
(motorische
Schulfähigkeit)**

**SQ
(soziale
Schulfähigkeit)**

Die Ausprägung der motorischen und sozialen Schulfähigkeit
richtet sich nach der Ausprägung der emotionalen Schulfähigkeit.

Die Grundlage der allgemeinen Schulfähigkeit ist die
emotionale Kompetenz.

**EQ
(emotionale Schulfähigkeit)**

prägtes auditives Kurzzeitgedächtnis, eine besser ausgeprägte auditive Merkfähigkeit und ein besser entwickeltes visuelles Gedächtnis.

Grundlage: Kinder besitzen (im Großen und Ganzen) Zuversicht.

Folgen: Sie können bei Gesprächen und Informationen besser zuhören; sie erkennen Belastungen schneller und sind eher in der Lage, diese aktiv zu verändern; sie zeigen ein größeres Neugierdeverhalten und ein höheres Lerninteresse an Dingen, die ihnen bisher unbekannt waren.

Auch diese kurze Übersicht belegt in eindeutiger Art und Weise, wie zunächst die Emotionalität – das weite Feld der Gefühle – für eine Grundlage der Entwicklung sorgt, die sich in den anderen (Schul-)Fähigkeitsbereichen und -merkmalen *direkt* niederschlägt. Ohne diese emotionalen Kompetenzen werden andere, schulerwünschte Verhaltensweisen entweder nicht gezeigt oder nur mit großer Mühe und Selbstdisziplin aufgebracht werden.

Anders ausgedrückt: Viele Kinder können sich nicht konzentrieren, weil sie keine Belastbarkeit besitzen; sie können nicht folgerichtig denken, weil sie nicht in der Lage sind, Enttäuschungen zu ertragen; sie können Ereignisse und Wahrnehmungen nicht speichern, weil sie innerlich angstbesetzt sind; sie können kein Lerninteresse zeigen, weil es ihnen an Zuversicht fehlt.

In diesen Sätzen ist zu lesen: Sie *können* es *nicht.* Viele Erwachsene meinen häufig, es sei bei den Kindern ein Akt des *Wollens*, ob ihnen etwas gelingt oder misslingt. Diese Annahme ist nicht richtig. Erst wenn ein Kind in der Lage ist, etwas können zu können, kann es auch das Gekonnte zeigen. Anders sieht es bei Erwachsenen aus: Hier bedeutet ein Nicht-Können tatsächlich oftmals ein Nicht-Wollen.

Der »große Tag«, an dem sich viele Kinder »ganz klein« fühlen

Lieber auf neuen Wegen stolpern
als in den alten Bahnen
auf der Stelle treten.

(Alte Volksweisheit)

»Einschulungsuntersuchung 1964. Plötzlich ist alles weg. Ich
– 6 Jahre alt – weiß gar nichts mehr. Fünf Köpfe beugen sich
bedrohlich über mich. Ihre Knollennasen wachsen, ihre Mün-
der verzerren sich, ihre Augen begraben mich: ›Aber Eeeeva!‹
Au weia. Mir bricht der Angstschweiß aus. Ich fühle mich
klein, dumm und leer. Dann erwacht vorsichtiger Widerstand. Die spinnen doch wohl alle hier.

Ja, sie spannen – lerne ich 10 Jahre später (in meiner Ausbil-
dung). Die Rudimente ewig gestriger bürgerlicher Testpraktiken
sind entlarvt. Vor uns liegt eine lichte Zukunft. Kinder entwickeln ihre Schulfähigkeit im gesamten Lebens- und Lernprozess
im Allgemeinen und im Besonderen während der dreijährigen
Kindergartenzeit. (...)

Einschulungsuntersuchung fünf Jahre später – 1979. Dieselben Fragen wie 1964. Kreise, Dreiecke, Vierecke. (...) Keine

der Kolleginnen nimmt die Schulmedizin so richtig ernst. Manch eine fühlt sich und die Kinder beleidigt. Wenn die Ärztin ihre Fragen exekutiert hat, wird das Wort der (Erzieherin) und Eltern – soweit anwesend – angehört.

Einschulungsuntersuchung 1994. (...) Dieselben Fragen. Wie 1964. Kreise, Dreiecke, Vierecke ... Fremde Menschen, die Eltern vielleicht im Hintergrund, keine Erzieherin. Im Gesundheitsamt steht das Kind fast nackt vor einer ›Prüfungskommission‹. Es wird befühlt, betastet, beguckt und beredet. Es darf idiotische Fragen beantworten. Wehe, das Haus hat runde Fenster oder dreieckige Türen. Dann ist das Kind nicht reif für die Klippschule. Zuweilen spielen sich böse Szenen der Widersetzlichkeit ab. Einige Kinder und Erzieherinnen wollen einfach nicht begreifen, was einzuüben ist, dass sie Objekte ärztlicher Bildung, Fürsorge und Gnade zu sein haben. Mit der Unbekümmertheit guter Fachleute führten Erzieherinnen (in einigen Bundesländern) ihre Berufserfahrungen ins Feld, um sich dann von Amtsärzten bedeuten zu lassen, dass kein Gespräch gewünscht sei. Mitsprache – bitte schön, ende immer noch vor der Tür. Und so klammert sich die Elite der Nation weiter an Arbeitsblätter und vorsintflutliche Texte, trifft in 10 Minuten Vorentscheidungen über den Lebensweg von Kindern, den beziehungsweise die sie fast nie kennen. Derweil braust das ganze Leben vorbei. Das, was Kinder fürs Leben wirklich brauchen (z.B. Querdenken, faszinierende Ideen entwickeln, Neues, Abenteuerliches erleben, eigene Lösungswege wagen, nach Selbsthilfe streben, kreativ forschend lernen, im Universum von Denken, Sprache, Fantasie spazieren gehen, an Problemen dranbleiben, Lust auf Zukunft, Ich-Identität, Solidarität, Teamfähigkeit entwickeln ...), scheint bestenfalls nebensächlich.«

Diese »Glosse« von Eva Grüber, Mutter zweier Kinder und verantwortliche Redakteurin der Zeitschrift *klein & groß*, macht nachdenklich, provoziert bei manchen Lesern und Leserinnen vielleicht Unmut oder lässt andere Frauen und Männer vielleicht zustimmend mit dem Kopf nicken. Fast 40 Jahre sind ins Land gezogen zwischen den von Eva Grüber beschriebenen Erinnerungen an die eigene Einschulung und der heutigen Einschulungsuntersuchung, wie sie noch in vielen Bundesländern Praxis ist. Den Autor erinnert die Beschreibung der Untersuchung an den »TÜV«, der für die Prüfung der Tauglichkeit von PKWs und anderen technischen Gerätschaften verantwortlich zeichnet. So gibt es viele Aspekte, die trotz der Textbezeichnung »Glosse« Realität sind und ein inhaltlich-kritisches Nachfragen erlauben müssen:

Wie muss sich ein Kind fühlen, wenn es einer Situation ausgesetzt ist, die Angst einflößend wirkt, und wie ist es in einer solchen Situation möglich, Fragen unbeschwert und »ganz natürlich« zu beantworten? Führen nicht gerade Angst auslösende Momente dazu, dass (kleine und große) Menschen in solchen Augenblicken geradezu »ein Brett vor dem Kopf« haben und bekannte Dinge, die man eigentlich weiß, einem einfach nicht einfallen und über die Lippen kommen wollen?

Was ist davon zu halten, wenn Einschulungsfragen gestellt werden,

- zu denen der Deutsche Bildungsrat schon in den 70er-Jahren die Meinung vertrat, sie könnten keine Schulfähigkeit erfassen und seien daher aus der Praxis zu streichen,
- von denen ein großes Fehlerrisiko ausgeht und demzufolge nicht die geringste pädagogische Legitimation besteht, kognitive Testverfahren als so genannte Selektionsverfahren zu verwenden,
- von denen »sowohl die geringe Messkonstanz, die wahrscheinlich zu einem großen Teil auf geringer Merkmalskonstanz beruht, als auch die einseitige Betonung kognitiver Leistungsvoraussetzungen« bekannt sind und sich solche »Schul-

reifetests« allein deshalb schon verbieten (vgl. Andreas Krapp und Heinz Mandel in *Schulreifetests und Schulerfolg,* München 1971, S. 102)?

Welchen Sinn macht es, die Fragen nach irgendwelchen geometrischen Figuren oder Formen zu beantworten und ein mögliches Teilwissen unter Beweis zu stellen?

Was ist davon zu halten, wenn – wie in der Praxis noch sehr häufig üblich – ein »Männchen« zu malen ist, um zu prüfen, ob möglichst viele Körperteile bekannt und aus dem Wissen heraus reproduzierbar sind? Was muss in dem Zusammenhang davon gehalten werden, wenn auf der einen Seite von einem »Verfall der Sprachkultur« geredet wird und gleichzeitig vom »Prüfer oder der Prüferin« das Wort »Männchen« benutzt wird? Gibt es dann auch ein »Frauchen« und wie hoch wäre dann – zu Recht – der Protest vieler Frauen (und hoffentlich auch vieler Männer), wenn solche menschenverachtende Begrifflichkeit nicht aus dem Sprachvokabular gestrichen wird?

Worin ist die Rechtfertigung für den Umstand zu finden, dass Kinder sich (fast) nackt von einer Person anschauen und anfassen lassen müssen, die sie gar nicht kennen? Was hat »Schulfähigkeit« damit zu tun, dass eine Ärztin oder ein Arzt nachschaut, »ob da auch alles in Ordnung ist«? War und ist es nicht Ziel elterlicher Pädagogik und auch der Entwicklungsbegleitung im Kindergarten, dass Kinder ein eigenes Körpergefühl aufbauen und ein eigenes Gefühl dafür entwickeln, sich dann vor anderen zu entkleiden, wenn die Kinder selbst es wollen, beziehungsweise dann ihre Kleidung anlassen, wenn es ihnen unangenehm ist?

Wissen Fachleute nicht inzwischen, dass gerade beim Malen und Zeichnen von Häusern und anderen Gegenständen persönliche Merkmale und Erlebnisse dazu führen, eigene Bildvorstellungen zu entwickeln und aufs Papier zu bringen, sodass die Kinder gar keine »richtigen« Häuser, Fenster, Türen etc. zeichnen können?

Warum werden gerade Erzieher/-innen – Fachleute der Elementarpädagogik – immer noch so wenig ernst genommen, wenn es beispielsweise um die Beurteilung einer Schulfähigkeit geht? Haben Erzieher/-innen nicht den großen Vorteil und Wissensvorsprung, Kinder

- schon über viele Jahre zu kennen,
- über einen sehr langen Zeitraum zielgerichtet beobachten zu können?

Ist es überhaupt möglich, in einem so außergewöhnlich kurzen Zeitraum die »allgemeine Schulfähigkeit« eines Kindes zu beurteilen? So schreibt beispielsweise ein Schularzt im Jahr 2001 an den Autor dieses Buches:

»Die Situation von Schulärzten dürfte Ihnen ja sicher nicht unbekannt sein. In dem Bundesland (...) ist die Schuleingangsuntersuchung – durchgeführt vom Kinder- und Jugendärztlichen Dienst der Gesundheitsämter – eine Pflichtaufgabe. (...) Viel Zeit habe ich für die jeweiligen Untersuchungen nicht, um mich mit einem Kind zu beschäftigen, wenn ich zwischen Februar und Mai eines Jahres rund 600 Kindern die Schulfähigkeit bescheinigen beziehungsweise den Eltern zu einer Rückstellung raten soll. Mein Zeitlimit liegt bei 15 bis maximal 20 Minuten für eine Untersuchung pro Kind, nicht eingerechnet die Zeit, die die Mitarbeiterin für die vorbereitenden Untersuchungen wie Größe, Gewicht, Hören, Sehen, Farben usw. braucht. (...) Ich glaube kaum, dass KiTa-Erzieherinnen und Eltern als Informanten in so einer heiklen Situation die geeigneten, unvoreingenommenen Auskunftspersonen sind. Beide Personengruppen empfinden es als persönliche Niederlage, wenn ein Kind nicht den durchschnittlichen Erwartungen entspricht.«

Sind sich die Personen, die eine solche Schuleingangsuntersuchung durchführen, tatsächlich bewusst, welch hohe Verantwortung damit verbunden ist, ein Kind entweder einzuschulen oder zurückzustellen, zumal bekannt ist, dass gerade der Zeitpunkt der Einschulung über den weiteren erfolgreichen, eingeschränkten oder erfolglosen Schulbesuch von entscheidender Bedeutung ist?

Spielen bei der Entscheidung, wie viele Kinder insgesamt in eine bestimmte Schule eingeschult werden, nicht auch noch andere Gründe eine Rolle, zum Beispiel wie hoch die Aufnahmekapazität der ersten Klassen(n) im Verhältnis zur Zahl der schulpflichtigen Kinder ist?

Wo bleiben die Fähigkeiten und Fertigkeiten der Kinder, die *wirklich* für eine selbstständige, kompetente und verantwortungsvolle Lebensgestaltung nötig sind wie beispielsweise Engagement, Zivilcourage, Neugierde, Begeisterungsfähigkeit, Wagnisse eingehen, Lebendigkeit und Risikofreude, einen Blick für das Wesentliche haben, Wichtiges von Unwichtigem unterscheiden können, zeitökonomisch zu handeln ...?

Wenn Kinder in der Einschulungsuntersuchung einige dieser Verhaltensweisen zeigen, so ist es nicht immer zu ihrem Vorteil.

Der Autor erinnert sich an die Zeit, als er selbst bei ungezählten Einschulungsuntersuchungen dabei gewesen ist, um die Praxis in ihrer ganzen Vielfalt vor Ort kennen zu lernen.

So stand ein Junge bei einer schulärztlichen Untersuchung vor der untersuchenden Person, die ihm plötzlich die Unterhose herunterzog, um zu schauen, ob es »da« vielleicht Auffälligkeiten gebe. Das Kind war darüber sehr erbost und fauchte die Schulärztin an: »Das machst du nicht noch einmal! Das will ich nicht und das darfst du auch nicht.« Die Schulärztin selbst war wiederum so überrascht von den heftigen Worten des Jungen, dass sie für einen Moment regungslos vor ihm stand. In der abschließenden Schulfähigkeitsbeurteilung schrieb sie dann in den Bericht, das betreffende Kind »könne sich nicht flexibel auf neue, ungewohnte Situationen einstellen«, und sie bescheinigte ihm »nur eine bedingte, eingeschränkte Schulfähigkeit«.

In einer anderen Stadt wurde ein Mädchen von einer Schulärztin aufgefordert, einen großen Baum mit Äpfeln an den Ästen zu malen. Das Kind malte einen Baum mit kleinen, roten Kugeln an den Ästen. Die Schulärztin nahm das Blatt an sich, meinte, das seien ja wohl keine Äpfel, sondern Kirschen. Sie legte dem Mädchen ein neues weißes DIN-A4-Blatt vor und wiederholte ihre Anweisung. (Wohlgemerkt: Es war weder eine Bitte, noch fragte sie das Mädchen, was denn diese kleinen, roten Kugeln zu bedeuten hätten.) Das Kind wiederholte seine Zeichnung in gleicher Art und Weise. Daraufhin meinte die Schulärztin, dass Äpfel grün seien, und sie fragte das Mädchen, wieso es denn Kirschen male. Das Kind schaute sie an und antwortete: »Das sind keine Kirschen, das sind meine Tränen, weil ich so traurig bin.«

Ist es nicht notwendig, sich einmal zu fragen, inwiefern die vielen Einflüsse, die bei einer solchen Einschulungsuntersuchung eine Rolle spielen, die »Testergebnisse« ungünstig beeinflussen (können)? Zum Beispiel:

- Wie ist die Sprache der untersuchenden Person? Laut – leise, schrill – dunkel?
- Spricht die untersuchende Person deutlich oder undeutlich? Ist sie groß, kräftig, gewaltig wirkend oder klein?
- Wie wirkt die Atmosphäre des Untersuchungsraumes? Freundlich – kalt, gemütlich – ungemütlich, einladend – abweisend?
- Mit welchen unmittelbaren Erlebnissen kommt das Kind zur Einschulungsuntersuchung? Hat es gut oder schlecht geschlafen? Friert das Kind oder ist ihm warm? Fühlt sich das Kind an genau diesem Tag körperlich fit oder ist es (noch nicht erkennbar) krank?
- Wie wirkt die untersuchende Person auf das Kind: Angst

auslösend oder Vertrauen erweckend? Fühlt sich das Kind angenommen oder spürt es eine Distanz? Hätte das Kind persönlich gern die Eltern während der Schuleingangsuntersuchung dabei oder würde es lieber mit der untersuchenden Person alleine sein?

- Ist das Kind von den Eltern auf diesen Termin »vorbereitet« worden (»Streng dich an! Hör gut zu und mach, was von dir verlangt wird! Überlege erst, bevor du antwortest! Sei freundlich und gib dein Bestes!«), sodass es unter Umständen schon mit einem gewissen Erwartungsdruck in diese Situation hineingeschickt wird?

In dieser Form könnten die Fragen fortgesetzt werden. Sie machen deutlich, dass es außergewöhnlich viele Einflussfaktoren gibt, die eine direkte Auswirkung auf die Resultate haben (können).

Insofern stellt sich während einer solchen Einschulungsuntersuchung nicht nur die vorgegebene Frage, ob das zu untersuchende Kind »schulfähig« ist, sondern auch, ob

- die Räumlichkeiten kinderfreundlich sind,
- das praktizierte Verfahren zur Feststellung einer Schulfähigkeit überhaupt geeignet ist und den aktuellen, fachlichen Anforderungen entspricht,
- die untersuchende Person *kinderfähig* ist,
- die Zeit zur Feststellung einer Schulfähigkeit auch nur ansatzweise kindgerecht ist und
- der Zeitpunkt die Topform eines Kindes trifft oder das Kind »auf dem falschen Fuß erwischt«.

Zum Schluss dieses Kapitels mag ein Vergleich erlaubt sein: Stellen Sie sich vor, Ihnen würde eine verbindliche Einladung zum Essen überreicht werden. Die Einladung bezieht sich dabei auf ein Restaurant, das Sie gar nicht kennen.

Sie betreten das Haus, und als Erstes fällt Ihnen auf, dass einige andere Menschen auf den Stühlen im Flur Platz genommen haben. Sie erfahren auf Ihre Nachfrage hin, dass das Speisezimmer zurzeit noch voll besetzt sei. Allerdings rät man Ihnen, sich in einem anderen Raum anzumelden. Sie treten ein. Sie werden mit der Frage konfrontiert, ob Sie Ihren Ausweis dabeihaben, und nachdem Ihre Personalien aufgenommen wurden, teilt man Ihnen mit, nun mögen Sie bitte draußen bis zum Aufruf warten. Sie gehen in den Flur zurück und setzen sich auf einen leeren Stuhl. Alles schweigt, nur ab und zu unterhalten sich einige andere Gäste sehr leise miteinander. Sie denken, wie langweilig es hier ist: Keine Musik erleichtert das Abwarten, der Flur wirkt eher steril und kühl auf Sie, wenige Bilder hängen an der Wand und ab und zu geht die Tür des Speiseraumes auf. Nach und nach werden die vor Ihnen wartenden Gäste hineingeführt, und zwar immer dann, wenn andere Gäste das Restaurant verlassen.

Nun sind Sie an der Reihe. Ein Angestellter kommt auf Sie zu, bittet Sie, ihm zu folgen, und Sie werden an einen leeren Tisch geführt. Sie freuen sich auf die Speisekarte und das bevorstehende Essen, von dem Verwandte oder Bekannte berichtet haben, es wäre hier durchaus schmackhaft. Der Angestellte schaut Sie an und meint, erst müssten ein paar Bedingungen geklärt werden. Zum einen sollen Sie sich auf eine Waage stellen, damit geprüft werden kann, wie viel Sie wiegen. Doch vorher müssen Sie sich noch vom Hauptteil Ihrer Kleidung trennen. Sie protestieren, doch das nützt nichts. Außerdem werden Sie angefasst, der Bauch wird abgefühlt, um sicherzustellen, dass Sie das Essen auch verdient haben.

Nun führt man Sie wieder an den Tisch zurück und legt Ihnen eine sehr übersichtliche Speisekarte vor mit der Bitte, Sie mögen den Text vorlesen und zusätzlich noch Ihren Namen auf ein Blatt Papier schreiben. Kaum ist das beendet, nimmt man Ihnen die Speisekarte wieder weg und berichtet davon, welch leckere Menüs Sie in der Zukunft hier zu sich nehmen können. Der Angestellte tritt hinter Sie, bittet darum, Sie mögen jetzt aufstehen, stellt den Stuhl beiseite und geleitet Sie zum Ausgang mit den Worten: »Ich freue mich sehr darauf, Sie demnächst als unseren Gast begrüßen zu dürfen. Selbstverständlich gibt es hier jeden Tag ein festes Gericht, eine Auswahl ist nicht möglich. Kommen Sie gut heim.«

Würden Sie sich in einem solchen Lokal wohl fühlen und auf die nächsten Besuche freuen?

Anmerkung: Selbstverständlich gibt es auch andere »Restaurants«, um bei dem Bildvergleich zu bleiben! Die Praxis hat in der Vergangenheit allerdings gezeigt – und stellt dies auch in der Gegenwart noch viel zu oft unter Beweis –, dass ein Haus wie oben beschrieben leider immer noch am häufigsten anzutreffen ist, wenn es um das Thema Einschulungsuntersuchung geht.

Lernvorgänge zum Aufbau der Schulfähigkeit sind nicht programmierbar

Manchmal fallen meine Gedanken
ganz leise aus meinem Kopf,
wie kleine Blätter
von einem Baum,
der sie nicht mehr haben will.
Sie liegen am Boden
und schauen in den Himmel,
der voller Wolken ist.
Und plötzlich kommt ein Windstoß,
der die Blätter
über den Boden tanzen lässt.
Er weht sie fort
in eine andere Welt.
Nun sind sie weg,
wie meine eigenen Gedanken,
die ich manchmal
einfach vergesse.
Schade!

(Kilian, sieben Jahre alt. Gedanken nach einer
Entspannungsmeditation)

Auf der einen Seite steht außer Zweifel, dass diejenigen, die in einer so technisierten Gesellschaft wie hierzulande etwas »werden« wollen, ein hohes beziehungsweise gutes Maß an Können und Wissen haben müssen. Und das ist auch gut so, zumal eine Gesellschaft nur dann eine Weiterentwicklungschance in sich trägt und praktisch ausführen kann, wenn Menschen mit ihrem »Know-how« dazu beitragen, entsprechende Entwicklungsprozesse in Gang zu setzen beziehungsweise mitzugestalten. Auf der anderen Seite stellt sich die Frage, wie es Eltern, Kindergärten und Schulen am besten schaffen, dafür Sorge zu tragen, dass Kinder ihre Lernpotenziale auch in starkem Maße erkennen und nutzen können beziehungsweise werden.

Wissenschaftliche Untersuchungen, die schon vor 50 Jahren erkunden sollten, *wie* Kinder lernen und *was* sie dabei speziell an Materialien sowie bestimmten Anregungen brauchen, um möglichst rasch ihre »Intelligenz« auf- und auszubauen, haben ähnlich wie heutige Untersuchungen eines zum Ausdruck gebracht: Kinder sind sehr früh in der Lage, Wissen aufzunehmen und Denkvorgänge zu realisieren. Diese Erkenntnis ist damit weder neu noch revolutionär, auch wenn immer wieder manche Wissenschaftler und Forscher ihre »neuen« Ergebnisse als das aktuelle »Nonplusultra« verkaufen möchten. Es liegen Ergebnisse vor, dass Kinder schon mit zweieinhalb, drei Jahren das Lesen lernen können, mit drei Jahren erste Wörter zu schreiben in der Lage sind und in diesem Alter entsprechende Rechenoperationen meistern. Selbst ein Fremdsprachenunterricht mit dreieinhalb oder vier Jahren wäre möglich, ohne dass es diejenigen überraschen würde, die sich mit der »Frühförderung von Kleinkindern« beschäftigen.

Dazu kommen bestimmte »Volksweisheiten«, die dazu animieren, möglichst früh mit dem Lernen der Kinder zu beginnen: Wer kennt nicht die Sprüche »Was Hänschen nicht lernt,

lernt Hans nimmermehr« oder »Frühes Fördern ist das halbe Abitur«! Und so beginnt die Spirale der Förderung in manchen Fällen bereits zu einem Zeitpunkt, wo ein Kind noch gar nicht das Licht der Welt erblickt hat. Manche Leser/-innen werden sich fragen, wie das möglich ist.

In den Vereinigten Staaten von Amerika – und inzwischen auch schon in Deutschland – gibt es so genannte Förderstellen von Anfang an, in denen sich schwangere Frauen auf eine Liege legen. Dann wird ihnen ein großer, in der Bauchform der Frau flexibler Lautsprecher auf den Bauch gelegt. Nun erschallt klassische Musik – von Mozarts »Kleiner Nachtmusik« bis hin zu Symphonien von Beethoven –, die sich an den kleinen, ungeborenen Erdenbürger richtet, um seine Musikalität schon möglichst frühzeitig zu wecken und zu fördern.

Natürlich gibt es auch weniger »eindrucksvolle« Beispiele aus der alltäglichen Praxis zu berichten:

● Babys im Kinderwagen werden nicht »irgendwelche« Babygreiflinge, aufgereiht an einer Schnur, im Sicht- und Greiffeld des Kinderwagens angebracht, vielmehr geht es um aufgereihte Gegenstände, die das »akustische, haptische und optische Differenzierungsvermögen« (= die hörbare, fühl- und sichtbare Fähigkeit, Unterscheidungen wahrzunehmen) aktivieren und schulen sollen.

● Viele Mütter und Väter gehen schon mit ihren Kleinsten zum Babyschwimmen, verbunden mit der Hoffnung, dass das »Seepferdchen« – die erste Leistungsurkunde auf dem Weg zum Erfolg – möglichst früh erworben werden kann.

● Einige Eltern besuchen mit ihren Kindern schon in sehr frühen Jahren Mal- und Zeichenkurse, die in ungezählten Familienbildungsstätten und Volkshochschulen als »Bildungsarbeit im frühen Kindesalter« angeboten werden.

● Vor allem Väter stehen stolz an den Werbebanden der Fußballplätze und feuern ihre Söhne zur Höchstleistung an, in der Hoffnung, ihr Kind könne vielleicht die Karriere eines späteren, hoch dotierten Lizensspielers erreichen.

- Väter und Mütter unterstützen ihre Söhne, die schon mit vier oder fünf Jahren ihre ersten Gokartrennen hinter sich bringen, verbunden mit der heimlichen Hoffnung, in ihrem Kind verberge sich ein zweiter Schumacher.

- Viele Mütter investieren eine Menge Geld in die »musikalische Frühförderung«, um sich »später einmal« nicht den Vorwurf machen zu lassen, sie hätten nicht alles unternommen, die Begabungen ihres Kindes zu fördern.

- Die Augen vieler Eltern strahlen, wenn beispielsweise die Tochter wie eine Ballerina über das Parkett schwebt und eine größere Zuschauerschar ihr Kind mit größter Anerkennung bewundert.

- Kinder werden schon vor dem Ende der Kindergartenzeit abgemeldet, um sie »zur richtigen Förderung« in eine Vorschule zu bringen, damit sie möglichst direkt und intensiv auf die Grundschulzeit vorbereitet werden.

- Hauptsächlich Väter sitzen hauptsächlich mit ihren Söhnen am Computer, um mit ihnen gemeinsam kleinere Programme zu schreiben oder »Lernaufgaben« zu lösen, weil sie der festen Überzeugung sind, die Vorbereitung auf das Medienzeitalter könne gar nicht früh genug beginnen.

- Hauptsächlich Mütter vergleichen ihr Kind mit dem der Nachbarn, Freunde oder Verwandten, verbunden mit der Sorge, das eigene Kind könne in einem Leistungsbereich vielleicht schlechter sein als das Kind aus dem näheren oder weiteren Umfeld.

- Kinder werden schon in frühesten Jahren – auch wenn objektiv kein Grund dafür besteht – den unterschiedlichsten Fachleuten (Motopäden, Logopäden, Ergotherapeuten, Sprachheilpädagogen, Kunsttherapeuten, Heilpädagogen ...) vorgestellt, um »mögliche Defizite« zu verändern, mit dem Ziel, ein »möglichst störungsfreies Kind« in die Schule zu schicken.

● Viele Eltern haben das Gefühl, »schlechte Elternteile« zu sein, wenn sie nicht jeden Tag, jede Woche und jeden Monat darauf achten und dafür sorgen, dass ihr Kind »das Beste« an Entwicklungsunterstützung bekommt.

Wenn nun gefragt wird, was bei der Aufzählung dieser Beispiele am deutlichsten auffällt und wo in den Aussagen eine inhaltliche Gemeinsamkeit besteht, ist die Antwort schnell gefunden: Das »Glück« der Kinder wird einem Glücklichsein der Eltern für die Kinder und einem Stolzsein auf die Kinder gleichgesetzt. Es scheint nach wie vor die Vermutung berechtigt, dass sich viele Eltern durch die Kinder definieren: durch deren erreichte Leistungen und deren vorzeigbaren »Erfolg«. Darüber hinaus spiegelt sich in allen Beispielen stets die Förderung im kognitiven Bereich wider.

Eine Befragung des Autors unter rund 550 Eltern, was sie beispielsweise mit dem Begriff »Glück« ihrer Kinder verbinden, zeigte unter anderem, dass *keine* der folgenden Aussagen getroffen wurde: Das Kind solle fröhlich seine Tage verbringen, es möge eine unbeschwerte Kindheit haben, es solle viel lachen und sein Leben als ein Geschenk erleben, es möge sich von der eigenen Familie wertgeschätzt fühlen, es möge Zeit für seine Entwicklung haben, die Zeit genießen und ein zufriedenes Kind sein.

Stattdessen brachten viele Eltern folgende Beschreibungen zum Ausdruck: Das Kind möge viele Dinge lernen, die es später für die Schule und seinen Beruf brauchen könne, es möge – trotz der eingeschränkten Zeit, die Eltern für ihr Kind aufbringen können – erkennen, dass die Eltern stets das Beste für es wollen, es möge in der Zukunft von den wichtigen Erfahrungen der Kindheit zehren, es möge mit all den vielen Dingen, die die Eltern kaufen, nachvollziehen können, wie wichtig ihnen das Kind gewesen sei, es brauche auf »nichts zu verzichten« (gemeint waren dabei materielle, dingliche Güter).

Nun ist es aber nicht so, dass diejenigen Kinder in der Schule den größten Lerneifer und das höchste Lerninteresse zeigen, die schon in frühester Kindheit an alle möglichen Lerninhalte herangeführt wurden! Die kognitive Förderung von Kindern ist kein Beweis und keine Garantie für eine gute Schulfähigkeit oder einen voraussagbar guten Schulbesuch! Im Gegenteil: Kinder, die hauptsächlich und zielgerichtet im Bereich des Denkens und Wissens geschult wurden, haben *häufiger* Schwierigkeiten in der Schule als Kinder mit anderen Kompetenzen.

Dazu scheint eine Zwischenbemerkung nötig. Es gibt zwei Begriffe in der Pädagogischen Psychologie, die sowohl im allgemeinen Sprachgebrauch als auch in der Schuleingangsuntersuchung nicht selten synonym verwendet beziehungsweise verwechselt werden: *Begabung* und *Schulfähigkeit*.

Nähern wir uns zunächst dem Begriff *Begabung* an. In ihm steckt das Wort »Gabe«, das auch mit »Geschenk« gleichgesetzt werden kann.

So gibt es eine Reihe Kinder, die in bestimmten Bereichen anderen Kindern »voraus« sind: Sie wenden sich mit großem Interesse den vielen Dingen ihrer Umwelt zu, stellen Fragen über Fragen, um aus ihrem Nicht-Wissen ein Wissen zu machen; sie setzen sich teilweise ganz »verbissen« mit irgendwelchen Gedankengängen auseinander und wollen den unbekannten Dingen »auf die Spur kommen«. Es sind Kinder, die eine so genannte Frühreife besitzen und im kognitiven Bereich schnellere und effektivere Lernfortschritte machen als andere Kinder. Sie erforschen ihre Welt, sind am Schreiben- und Lesenlernen interessiert, setzen sich mit kleineren und größeren Rechenoperationen auseinander und erreichen durch ihre kognitive Beschäftigung auch einen Sprachausdruck, der dem anderer Kinder weit voraus ist.

Kinder mit einer Begabung sind also kognitiv (sehr) weit entwickelt. Gleichzeitig fällt aber auf, dass begabte Kinder häufig (!) in anderen Entwicklungsbereichen (wie beispielsweise im emotionalen und sozialen Feld) größere Schwierigkeiten haben als andere Kinder:

- Sie weinen schnell oder geraten in Wut, wenn ihnen eine gestellte oder selbst gewählte Aufgabe nicht sofort gelingt.
- Sie sind sehr schnell enttäuscht und leiden darunter, wenn ein anderes Kind bessere Leistungen zeigt.
- Sie sind mit guten Ergebnissen kaum zufrieden, sondern wollen stets die besten Resultate erzielen.
- Sie reagieren mit Jähzorn, wenn sie ein Ziel, das sie sich selbst gestellt haben, letztlich nicht erreichen.
- Sie schätzen sich als etwas Besonderes und äußern sich abfällig über andere Kinder, die nicht ihren Leistungsvorstellungen entsprechen.
- Sie haben keinen festen, gesicherten Platz in einer Kindergruppe und haben nicht viele Freunde.
- Sie ziehen sich lieber »in die eigenen vier Wände« zurück, spielen viel allein oder suchen vor allem die Nähe zu Erwachsenen, von denen sie (offen oder verdeckt) gewissermaßen »Bewunderung« erhalten.

Es kann also festgehalten werden: Begabte Kinder haben auf der einen Seite anderen Kindern gegenüber häufig einen Wissensvorsprung, gleichzeitig zeigen sich auf der anderen Seite sehr häufig bestimmte Schwierigkeiten im emotionalen und sozialen Bereich.

Schulfähigkeit umfasst – wie im Kapitel »Die Merkmale der Schulfähigkeit« ausführlich beschrieben – ein ganzes Bündel emotionaler *und* sozialer, motorischer *und* kognitiver Merkmale.

Insofern sind »Begabung« und »Schulfähigkeit« zwei völlig unterschiedliche Worte mit jeweils eigenen Bedeutungen. Kinder, die (nur) begabt sind, sind daher in den wenigsten Fällen auch schulreif!

Nun taucht sofort die nächste Frage auf: Ist das immer so? Muss das so sein? Welche Chance haben dann (nur) begabte Kinder, eine Schule erfolgreich zu besuchen? Diese Fragen sind schnell beantwortet.

- Selbstverständlich können Kinder mit einer (kognitiven) Begabung auch die übrigen Merkmale einer Schulfähigkeit besitzen!
- Selbstverständlich müssen begabte Kinder nicht automatisch Einschränkungen in der Schulfähigkeit aufweisen!
- Selbstverständlich können auch begabte Kinder die Schule mit Bravour besuchen!

Allerdings nur dann – und das ist der wesentliche Punkt –, wenn die emotionalen, sozialen und motorischen Entwicklungsbereiche aktiviert, auf- und ausgebaut werden! Und hier liegt oftmals das Dilemma für begabte Kinder: Eltern, Erzieher/-innen, Lehrer/-innen, Nachbarn und Freunde der Familie, Verwandte und Bekannte nehmen das begabte Kind hauptsächlich mit und in seinen kognitiven Kompetenzen wahr und lassen dabei die anderen wesentlichen Bereiche weitgehend außer Acht. Sie unterhalten sich mit dem Kind, stellen ihm Fragen, informieren es über Themen oder lassen sich von ihm informieren, führen mit ihm inhaltliche Diskussionen, schenken ihm Bücher, lesen ihm etwas vor oder lassen sich etwas vorlesen, schicken das Kind in so genannte Sommercamps für hoch begabte Kinder, damit sie unter Gleichaltrigen zusätzlich »gefördert« werden, oder melden das Kind zu bestimmten Leistungskursen an, damit es seine Begabung ausbauen kann – alles Aktivitäten aus dem kognitiven Bereich, die diesen damit noch mehr fördern – zulasten der ohnehin schwächer ausgebildeten anderen Bereiche.

Zwei Tatsachen scheinen daher nicht zu überraschen:

- Es gibt bei uns eine ganze Reihe »begabter Schulversager«.
- Es zeigt sich immer wieder, dass begabte Kinder aufgrund emotionaler Schwierigkeiten mit zunehmendem Alter eine regelrechte Lernunlust entwickeln. Aus dieser Lernunlust heraus gehen manche Wissenschaftler davon aus, dass eine nicht geringe Zahl begabter Kinder sogar die Förderschule besucht, zumal ihre Verhaltensweisen in keiner Weise mit denen eines begabten Kindes übereinzustimmen scheinen.

Die Überbetonung des kognitiven Bereichs ist daher eine große Gefahr für die Entwicklung eines Kindes, wenn damit gleichzeitig andere Bereiche untergeordnete Rollen zugewiesen bekommen. Würde man unter »Schulfähigkeit« alleine beziehungsweise vor allem diesen kognitiven Bereich ins Auge fassen, so ist es verständlich und nachvollziehbar, wenn Kinder möglichst schon im frühkindlichen Entwicklungsstadium durch eine intensive Wissensvermittlung auf die Schule programmiert werden. Doch dies wäre – fachlich betrachtet – nur eine oberflächliche Ansammlung von Fakten. Das kann und darf allerdings nicht das Hauptziel des Lernens sein.

Wenn es das doch sein sollte, ist wiederum verständlich, warum beispielsweise immer wieder nach den so genannten Vorschulblättern mit den allseits bekannten Aufgaben im Kindergarten gefragt wird und warum viele Eltern Arbeitshefte und Aufgabenblätter kaufen und mit ihren Kindern durcharbeiten. Hier finden sich jedoch Aufgabenstellungen, die ein isoliertes Wissen der Kinder erweitern und die aus realen Sinnbeziehungen herausgerissen sind. Das wäre vergleichbar mit dem Versuch, Leser(n)/-innen dieses Buch aus der Hand zu nehmen und ihnen stattdessen eine wissenschaftliche Abhandlung zur »Funktion kugellagerunabhängiger Kreisturbinen« vorzulegen, mit der Aufforderung, diese bis zu einem bestimmten Zeitpunkt zu lesen. Sie würden zu Recht fragen, was das Wissen über die Funktion kugellagerunabhängiger Kreisturbinen bringe. Kinder stellen sich ähnliche Fragen, wenn sie plötzlich Blätter vorgelegt bekommen, auf denen beispielsweise

- irgendwelche Gegenstände (ein Ei, ein Messer und ein Stuhl) abgebildet sind, die in einer Reihenfolge untereinander zusammengestellt wurden, und die Kinder nun diesen Abbildungsrhythmus erkennen sollen,
- bestimmte Bilder (ein Vogel, auf einem Nest sitzend, ein Drachen, der im Wind schwebt, ein krähender Hahn ...) zu erkennen sind, und sie diese Bilder beschreiben sollen,
- in jeweils einer Reihe sieben gleiche Bilder und jeweils ein Bild mit einer kleinen Veränderung abgebildet sind, und die Kinder die Aufgabe haben, diese Veränderung zu entdecken und mit einem Stift anzukreuzen,
- vorgeschriebene Einzelbuchstaben nachgeschrieben werden sollen,
- geometrische Figuren erkannt und benannt werden sollen,
- Gegenstände unterschiedlicher Größe abgebildet sind, und sie nun den größten beziehungsweise den kleinsten Gegenstand erkennen und zeigen sollen,
- viele, wenige und gleich viele Mengen abgebildet sind, und den Kindern die Aufgabe gestellt wird, die richtigen Mengenverhältnisse – nach Anweisung – herauszufinden und mit einem Stift einzukreisen.

Bei all diesen Aufgaben wird vor allem übersehen oder vergessen(?), dass es bezüglich der kognitiven Schulfähigkeit Lernfaktoren gibt, die eine weitaus höhere Bedeutung besitzen: zum Beispiel Lernneugierde, Lerninteresse, Lernbereitschaft, Lernwille, Lernmotivation und vor allem Lernfreude! Diese so genannten *Lernmotivatoren* kommen besonders dann zum Tragen, wenn Kinder sich mit *Lerninhalten* auseinander setzen können, die für sie eine *Bedeutung* haben, mit denen sie etwas anfangen können, die Kinder in konstruktive Aufregung versetzen, die vor allem dem kindlichen Denken, der kindeigenen Bedeutungswelt und dem inneren Erleben der Kinder ganz nahe kommen.

Die Biografien vergangener und gegenwärtiger Geistesgrößen, Entdecker, Wissenschaftler und Forscher sowie handwerklicher Kapazitäten zeigen in überzeugender Art und Weise, dass sie weder als Kinder noch in ihrer Jugendzeit in irgendeiner Form »programmiert« wurden. Sie haben sich ihre Theorien und Ergebnisse, ihr Handwerk und ihre Kunst im Umgang mit diesem Handwerk selbst erarbeitet. Sie haben ihre individuellen Programme selbst geschrieben, überarbeitet und neu entworfen und ihre Aufgaben stets weiterentwickelt, getreu dem Motto »Stillstand ist Rückschritt«.

Vor allem zeigen diese Biografien immer wieder, dass ein bestimmtes Persönlichkeitsmerkmal stets vorhanden war: *Neu-gierde*! Das war und ist der Motor, sich selbst für eine Aufgabe zu motivieren, um auf Erkenntnisse zu stoßen, die wirklich *neu* sind. Vorprogrammierte, langweilige, aus Sinnzusammenhängen herausgerissene Aufgabenstellungen ersticken häufig genau diese Eigenschaften (vor allem Lernfreude und Lernmotivation!), die für ein gegenwärtiges und zukünftiges Lernen von herausragender Bedeutung sind. Wo Lernfreude Stück für Stück vernichtet wird, entstehen Desinteresse und Langeweile – ein Umstand, der sich in der Realität bei Kindern, Jugendlichen und Erwachsenen immer stärker zeigt. Es ist daher dringend notwendig, sich mehr mit diesen Hintergründen zu beschäftigen, um aus der Erkenntnis heraus entsprechende Konsequenzen zu ziehen – auch für die Durchführung »programmierter, schulvorgezogener Aufgaben für Kinder« und für die Durchführung der Schuleingangsuntersuchungen.

Schulfähigkeit ist das Ergebnis einer erfüllten Kindheit

Ein junger Mensch betritt einen Laden.
Er fragt den Verkäufer: »Was verkaufen Sie?«
Die Antwort: »Alles, was Sie wünschen.«
»Ja, dann«, sagt der junge Mensch,
»dann möchte ich das Ende aller Kriege
und daß kein Kind mehr hungert
und daß die Menschen miteinander reden,
statt sich totzuschlagen,
und daß mehr Freude wird und ...«
Der Verkäufer sagt:
»Aber wir verkaufen keine Früchte, nur Samen ...«

(Luise Rinser)

Wenn im vorigen Kapitel deutlich gemacht wurde, dass Lernvorgänge zum Aufbau der Schulfähigkeit *nicht* programmierbar sind, dann stellt sich die Frage, wie Kinder sonst die Grundlagen der Schulfähigkeit erwerben.

Die Antwort ist sehr einfach auszusprechen und gleichsam alles andere als leicht umzusetzen: Schulfähigkeit ergibt sich aus einer *erfüllten Kindheit*! Das bedeutet nicht, dass jedes

115

Kind zu irgendeinem Zeitpunkt »einfach so« schulfähig wird und Erwachsene nur abwarten müssen, um den richtigen Zeitpunkt einer vorhandenen Schulfähigkeit bei einem Kind zu entdecken. Drei Begriffe tragen den Schlüssel zur Entwicklung mit sich:

- Schulfähigkeit ist die Folge aus vorangegangenen Erlebnissen, Erfahrungen und Ereignissen, die ein Kind aufgenommen hat beziehungsweise aufnehmen konnte.
- Schulfähigkeit hat mit dem Erleben einer *Kindheit* zu tun.
- Schulfähigkeit entwickelt sich aus kindeigenen Erfahrungen, Erlebnissen und Ereignissen, die ein Kind-er-leben *erfüllt* haben.

Kinder, die zur Schule kommen, brauchen ganz bestimmte Fähigkeiten: Sie bilden die Grundlagen, um den vielfältigen Anforderungen und Ansprüchen eines schulischen Lernens entsprechen zu können. Selbstverständlich – und das sei nur am Rande bemerkt – ist natürlich auch die Schule in die Pflicht genommen, dafür Sorge zu tragen, dass Kinder den Anforderungen und Ansprüchen weitestgehend entsprechen *wollen*!

Johann Heinrich Pestalozzi hat einmal gesagt: »Erziehung ist Liebe und Vorbild. Sonst nichts.« Wenn Kinder auf der einen Seite so genannte seelische Grundbedürfnisse haben und auf der anderen Seite gerade durch die Vorbildfunktion der Erwachsenen ganz wesentliche Persönlichkeitsmerkmale auf- und ausbauen, trägt die Lebensgeschichte der Kinder in einem entscheidenden Maße dazu bei, welche Basiskompetenzen (= grundlegenden Fähigkeiten) Kinder entwickeln können beziehungsweise welche Basiskompetenzen auf der Strecke bleiben. Im letzteren Fall wird es dann auch weder ein Kindergarten noch eine Schule schaffen, fehlende Fähigkeiten im Nachhinein in ihrer Ganzheit aufzubauen. Es ist schon bedenklich, wie manche Eltern die alleinige »Schuld« für das So-Sein ihres Kindes an diese Institutionen delegieren. Gleichzeitig ist es auch nicht hinnehmbar, wenn Erzieher/-innen oder Lehrer/-innen die ganze »Schuld« für bestimmte Schwierigkeiten an die Eltern zurückgeben, ohne sich selbst in die Betrachtung der Dinge miteinzubeziehen.

Eltern wie Pädagogen sollten sich nicht länger den Erkenntnissen der Entwicklungspsychologie verschließen:

Kinder können »vernetztes, sinnverbundenes Denken« (dies gehört zur kognitiven Schulfähigkeit) nur dann entwickeln, wenn ihnen das Grundbedürfnis *Zeit* zugestanden wird, um sich selbst und die vielen Facetten ihres Umfeldes zu erkunden und kennen zu lernen. Erwachsene müssen deshalb auf die vielen hektischen Momente, die sie an Kinder weitergeben, des Öfteren verzichten! Es mutet schon befremdlich an, wenn auf der einen Seite immer öfter über die vielfältigen Wahrnehmungsstörungen bei Kindern geklagt wird, bei genauerer Betrachtung aber auf der anderen Seite festgestellt werden muss, dass viele Erwachsene den Kindern kaum noch Zeit für ihre Entwicklung einräumen und bewusst zugestehen.

Entwicklung braucht Zeit, um die vielfältigen Eindrücke des Lebens zu verstehen, zu verarbeiten, klären zu können. Wenn ein Tagesablauf eines Kindes nur durch Termine strukturiert ist, bleibt für das Kind keine Zeit zum Verschnaufen.

Kinder können eine »Lösungsorientierung« (sie gehört ebenfalls zur kognitiven Schulfähigkeit) nur dann entwickeln, wenn sie in ihrem Umfeld und in den Erwachsenen um sich herum möglichst viel *Ruhe* erleben. Diese ermöglicht, Umfeldeindrücke in ihrer ganzen Breite und Tiefe wahrzunehmen und entsprechende Differenzierungen (= genaues Betrachten der Dinge, um Besonderheiten zu erkennen) vorzunehmen. In der Praxis sieht es leider häufig so aus, dass Unruhe den Tagesablauf beherrscht. Kinder sind umgeben von einer optischen und akustischen Reizüberflutung, die es ihnen dann unmöglich macht, über längere Zeitspannen im Tagesablauf Ruhe für sich und ihre Tätigkeiten zu finden.

Es gilt deshalb, mögliche Unruheherde zu finden und diese auszuschalten! Das Phänomen bei Kindern, dass sie unruhig oder ziellos umherlaufen, weil sie nichts mit sich selbst oder irgendwelchen Spielutensilien anfangen können, liegt nahezu immer in einem Verlust ihrer persönlichen und häuslichen Ruhe!

Kinder können ein »einfühlendes Verhalten und Verstehen in andere Personen« (dies gehört zur sozialen Schulfähigkeit) nur dann entwickeln, wenn sie das tiefe Gefühl ihrer Eltern und/oder anderer Erwachsener spüren, *geliebt* zu sein. Diese Liebe hilft Kindern dabei, zunächst sich selbst als einen wichtigen Menschen anzunehmen. Aber auch hier sieht die Praxis leider häufig anders aus. Erwachsene knüpfen ihre Liebe an Bedingungen im Sinne der Kombination »Ich liebe dich nur, wenn du so bist oder dich so verhältst, wie ich es haben will«. Kinder werden deshalb »geliebt«, wenn sie möglichst unauffällig sind, nicht stören, ihre Zimmer aufräumen, pünktlich zu den abgesprochenen Terminen erscheinen, im Sport oder bei anderen Tätigkeiten besser als die anderen Kinder sind, gute Noten mit nach Hause bringen, sich nicht schmutzig machen, nachts nicht mehr aus ihren Betten steigen, Gespräche der Erwachsenen nicht unterbrechen, keinen Krach machen, mit den »richtigen« Freunden spielen, den Eltern keinen Kummer bereiten, öffentlich nicht auffallen.

Kinder können ein hohes Maß an »Leistungsbereitschaft« (sie gehört zur motorischen Schulfähigkeit in Verbindung mit der kognitiven Schulfähigkeit) nur dann entwickeln, wenn Erwachsene ihnen *Vertrauen* entgegenbringen. Dadurch unternehmen sie Aktivitäten und stellen fest, was sie alles können und schaffen. So können Kinder Stolz und persönliche Stärke aufbauen, verbunden mit dem Gefühl »Ich bin gut. Ich habe was geschafft!«. Kinder, die dagegen Misstrauen auf ganz unterschiedlichen Ebenen erfahren, entwickeln mit der Zeit ein Gefühl der Ohnmacht, entsprechend dem Motto »Ich kann tun und lassen, was ich will – immer werde ich korrigiert«.

Ein altes Sprichwort heißt: Vertrauen ist gut, Kontrolle ist besser. Diese Weisheit ist ebenso falsch wie gefährlich in der Entwicklungszeit von Kindern. So wird aus dem erlebten Misstrauen schließlich ein eigenes Misstrauen sich selbst und anderen gegenüber. Und dieses Misstrauen zeigt sich in der Folge in dem Wunsch von Kindern, entweder mit Macht etwas erreichen zu wollen oder aus einer Ohnmacht heraus möglichst nicht aufzufallen und schließlich gar nichts mehr zu tun. Damit gehen sie dem Risiko eines erneuten Misstrauens einfach aus dem Weg.

Kinder können »ein Interesse« für die vielfältigsten Möglichkeiten (dies gehört zur kognitiven Schulfähigkeit) nur dann entwickeln, wenn sie in ihrem Leben auf *Verständnis* für ihr So-Sein stoßen. Verständnis ist hier nicht in dem Sinne gemeint, dass Kinder alles tun und machen können, was sie wollen, und Erwachsene dann alle Ergebnisse wohlwollend zu akzeptieren haben. Verständnis meint, dass Erwachsene versuchen, Kinder zu verstehen, indem sie ihnen zuhören, ihnen die so genannte magische Welt, vertreten durch Märchen und Fabeln, den Osterhasen und den Weihnachtsmann, die Feen und Zwerge, zugestehen, indem sie die Kinderträume als eine verschlüsselte Botschaft der Seele entschlüsseln und die Hintergründe für »auffälliges Verhalten« herausfinden wollen. Nur ein Kind, das verstanden wurde, wird sich auf den Weg machen, die Welt um sich herum und andere Kinder und Erwachsene zu verstehen. Unverstandene Kinder hingegen bauen Vorurteile auf und zeigen wenig Verständnis für Situationen, die ihnen fremd sind. In Norddeutschland gibt es dazu den Spruch »Wat de Buer nit kennt, frit er nit«: »Was der Bauer nicht kennt, isst er nicht«.

Kinder können eine »Sorgfalt/Sorgsamkeit im Umgang mit sich, Gegenständen und Personen« (dies gehört zur sozialen, motorischen und kognitiven Schulfähigkeit) nur dann entwickelt, wenn sie in einem tiefen Gefühl der *Sicherheit* aufwachsen. Doch auch hier spricht die Realität häufig eine andere

Sprache. Immer mehr Kinder stecken in Beziehungsnöten oder Beziehungsverunsicherungen, erleben durch Gewalterfahrungen in der Familie so genannte Bedrohungsängste, fühlen sich Trennungs- und Auslieferungserlebnissen ausgesetzt, sodass in der Entwicklungspsychologie inzwischen vor einer »organisierten Hilflosigkeit« die Rede ist. Das Ende der Kindheit ist schon eingeläutet, sobald Kinder auf der Welt sind und noch nicht dafür sorgen können, ihre wichtigsten Grundbedürfnisse befriedigt zu bekommen. Da verwundert nicht die Tatsache, dass viele Kinder einem seelischen Dauerstress ausgesetzt sind und mit entsprechenden körperlichen Symptomen reagieren: Schlafstörungen, Konzentrationsschwäche, Kopf- und Magenschmerzen, Essstörungen und Migräne, Herzrasen, Händezittern oder Schweißausbrüchen.

Verunsicherte Schüler schätzen sich dann nach eigenen Aussagen beispielsweise so ein: »Ich sehe mich aus diesem ganzen Milieu und Leben herausgeworfen.« »Ich bin nur eine Fußnote in einem Buch für Erwachsene.«

Kinder, die in ihrem Leben das Gefühl der Sicherheit vermissen, entwickeln mit der Zeit ein hohes Maß an Oberflächlichkeit und versuchen ihre innere Leere beispielsweise damit zu überdecken, dass sie sich auf »äußerliche Wirkungen« konzentrieren. Hier ersetzen Modemarken einen seelischen Verlust von Sicherheit.

Kinder können »Konzentrationsfertigkeit und Selbstdisziplin« (beides gehört zur kognitiven und motorischen Schulfähigkeit) nur dann entwickeln, wenn sie sich von Anfang an viel bewegen konnten. Dies deshalb, weil *Bewegung* vor allem dem Stressabbau dient, der wiederum eine Voraussetzung zur körperlichen Selbststeuerung ist. Bewegung hilft aus körperlichen Anspannungen herauszukommen, um dann aus dem Gefühl der Entspannung konzentrierte Leistungen zu erfüllen. Kinder, die viel in Bewegung sind, drücken damit vor allem ihre stressbedingte Anspannung aus. Sie aufzufordern, ruhig auf einem

Stuhl zu sitzen oder ihre Füße still zu halten, widerspricht jeder Kenntnis über körperlich-seelische Zusammenhänge. So ist beispielsweise erklärbar, warum viele Kinder nach längeren (verordneten) Phasen des Stillsitzens im Schulunterricht wie aufgedreht in die Pausen laufen. Findet dagegen ein körperorientierter, bewegungsaktiver Unterricht statt, ist das Bedürfnis der Kinder nach ausgeprägter Bewegung in den Pausen weitaus weniger zu beobachten.

Kinder können die »Fähigkeit, Entscheidungen zu treffen und sie gleichzeitig überdenken zu können« (sie gehört zur kognitiven Schulfähigkeit), nur dann entwickeln, wenn sie in ihrem Leben – und hier in den vielfältigsten Situationen – ein *Mitspracherecht* zugestanden bekommen. Mitsprache heißt nicht Bestimmung; Mitbestimmung schließt jedoch eine aktive Beteiligung ein und ist auch für eine Demokratie unerlässlich. Durch die Mitsprache der Kinder erleben sie selbst eine Wertigkeit ihrer Person. Das wiederum hilft Kindern, ihr Selbstwertgefühl auf- und auszubauen. Kinder, die durch Mitsprache an Entscheidungsprozessen beteiligt werden, empfinden ein Gefühl der Zuständigkeit und übernehmen selbst für viele Dinge die Verantwortung.

Kinder können die »Fähigkeit zur Unterscheidung von Nähe und Distanz, öffentlicher und privater Person, sich einbringen oder zurückhalten« (sie gehört zur kognitiven Schulfähigkeit) nur dann entwickeln, wenn sie auch in frühen Jahren *Intimität* erleben und *Geheimnisse* haben konnten. Intimität bedeutet in diesem Zusammenhang, dass Erwachsene ihnen einen intimen – eigenen – Raum zugestehen, damit sie erfahren, dass es etwas gibt, das nur ihnen alleine gehört. Die Wertschätzung und die Akzeptanz beziehen sich dabei auf Orte, an denen ein Kind sich zurückziehen kann, und sie betreffen ebenso die Sprache, beispielsweise dort, wo Erwachsene Kinder nicht ausfragen wollen.

»Nun sag schon, wie war das?« »Erzähl doch mal, wie es im Kindergarten war und was ihr alles gemacht habt!« »Muss man dir denn alles aus der Nase ziehen?« So oder ähnlich erfahren Kinder sehr oft, dass ihnen nicht das Recht auf Intimität oder Geheimnisse zugestanden wird. Doch Kinder brauchen diese Differenzierungsfähigkeit, um auch später das Gleichgewicht zwischen »öffentlicher und privater Person« zu finden. Gelingt dieses Gleichgewicht nicht, entstehen Verhaltensweisen, die entweder durch Distanzlosigkeit oder durch eine grundsätzliche Abwehr von Nähe charakterisiert sind. (Die Talkshows geben ein gutes Beispiel für ein oftmals fehlendes Gleichgewicht dieser Zweipoligkeit.)

Die »Motivation, eigene Lernpotenziale zu entdecken« (sie gehört zur motorischen und kognitiven Schulfähigkeit), können Kinder nur entwickeln, wenn ihnen frühzeitig viele *Erfahrungsräume* zugestanden werden. Nicht umsonst heißt es in einer Volksweisheit: »Erfahrung macht klug.« Kinder lernen aus der Tätigkeit, ihren Handlungen und den damit verbundenen Folgen! Eine fernöstliche Weisheit sagt:

Erzähle mir und ich vergesse.
Zeige mir und ich erinnere.
Lass es mich tun und ich verstehe.

Immer wieder sind es die selbstständigen Handlungen von Kindern, die sie motivieren, Erlebtes zu durchdenken und Zukünftiges zu planen. In der Praxis fällt auf, dass viele Eltern – vor allem Mütter – ihre Kinder sehr stark an sich binden und viele Dinge für sie tun. Ein Kind lernt dadurch die Einstellung: Ich bin noch klein und schwach; ich kann das noch nicht. Auf der anderen Seite beklagen viele Eltern, dass ihre Kinder noch so unselbstständig seien – und sind sich dabei nicht bewusst, dass das eine mit dem anderen zusammenhängt.

Wenn Kindern viele Erfahrungsräume zugestanden werden – selbstverständlich ohne dabei die gesamte elterliche Verantwortung aufzugeben –, entwickelt sich Stück für Stück Selbstständigkeit, und so auch die gefühlsmäßige Stabilität, um sich von vertrauten Personen lösen zu können (dies gehört zur emotionalen Schulfähigkeit). Überbehütung und elterliche Angst um das Wohl des Kindes führen dagegen zu Resignation oder Allmachtsfantasien: »Alles ist babyleicht« – dennoch will einem Kind kaum etwas wirklich gelingen.

Kinder können das »Zusammenspiel von Emotionen und Kognition, von Gefühl und Verstand« (dies gehört zur Basiskompetenz der emotionalen und kognitiven Schulfähigkeit) nur dann entwickeln, wenn *Gefühle* erlebt werden dürfen. Dadurch bekommen Kinder ein Verhältnis zu ihren Emotionen wie Freude, Angst, Trauer, Wut beziehungsweise Ärger. Sie lernen die unterschiedlichen Qualitäten und Intensitäten der jeweiligen Gefühle kennen und können diese mit der Zeit immer besser einordnen und einschätzen. Dadurch wird nicht alles zu einem Drama, was misslingt, und nicht alles führt zu einem Chaos, was anders ausgeht, als es ursprünglich geplant war.

Kinder müssen die Möglichkeit haben, bei Wut mit dem Fuß auf den Boden stampfen zu dürfen, bei Trauer zu weinen, bei Freude ausgelassen zu tanzen oder albern zu sein und bei Angst starr zu verharren. Schaffen Kinder es durch die Reaktionen der Erwachsenen nicht, die Ausgewogenheit ihrer Gefühle zu finden, so wird die Grundlage dafür gelegt, das Leben in die Bereiche »Lust« und »Unlust« einzuteilen. Was Lust macht, wird erledigt, was Unlust erzeugt, wird übersehen oder links liegen gelassen. Nur: In einer humanen und leistungsorientierten Gesellschaft geht es nicht um Lust oder Unlust. Eine solche Tendenz zur Lebensgestaltung führt in einen Egozentrismus. Solidarität, Hilfsbereitschaft und Engagement würden in der Folge kontinuierlich abnehmen.

Die Fähigkeit, »die Lernerfolge, die eigene Persönlichkeit und die eigene Existenz genießend zur Kenntnis zu nehmen« (sie gehört zur emotionalen und kognitiven Schulfähigkeit), können Kinder nur dann entwickeln, wenn ihnen von Beginn ihres Lebens an eine *Sexualität* zugestanden wird. Nur dann kann sich in Kindern eine vollständige Identität aufbauen. Kinder brauchen und genießen »Doktorspiele«, zeigen für ihren eigenen Körper und den ihrer Freunde und Freundinnen Interesse und versuchen dadurch die drei Lebensbereiche Körper, Seele und Geist miteinander zu verbinden.

Sexualwissenschaftler haben ungezählte Studien erstellt, in denen sehr eindrucksvoll beschrieben wird, wie wichtig für Kinder ihre eigene sexuelle Identität ist (als Mädchen und Junge) und wie stark gerade dieser Bereich Auswirkungen auf die Gesamtpersönlichkeit eines Menschen hat. Nun könnte man annehmen, die vielfältigen Veröffentlichungen zum Lebensbereich Sexualität und der freie Zugang über die Medien sei der Beweis, dass Sexualität inzwischen ein offener Lebensbereich geworden ist. Doch hier werden zwei Begriffe verwechselt: Ein öffentlich gewordener Bereich ist noch lange kein offener gewordener Bereich.

»Mut, Engagement und Zivilcourage« (dies alles gehört zur emotionalen und motorischen Schulfähigkeit) können Kinder nur dann entwickeln, wenn sie *Gewaltfreiheit* erfahren.

Die Realität hierzulande zeigt auch hier ein anderes Bild. Es gibt ungezählte Formen der Gewalt gegen Kinder: Überforderung und Unterforderung, ein Kind alleine lassen (obwohl es den Erwachsenen braucht), Kinder viel zu früh in Kindergärten unterbringen (obgleich sie noch nicht eine Trennung verkraften können), Kindern das Wort verbieten oder Kinder demütigen, Bloßstellungen, ständige Besserwisserei durch Erwachsene, ironische oder sarkastische Bemerkungen über das Kind, Gespräche führen über das Kind in seiner Anwesenheit, ständige Hetze und Hektik usw.

Kinder, die ohne diese Formen der Gewalt aufwachsen, lassen sich immer wieder aufs Neue angstfrei auf unbekannte (Lern-)Situationen ein, und genau diese Fähigkeit ist für den erfolgreichen Schulbesuch von besonderer Bedeutung.

Kinder können eine »intrinsische Motivation« – das Bedürfnis, von sich aus etwas lernen zu wollen (dies gehört zur Grundlage sowohl der emotionalen und motorischen als auch der kognitiven Schulfähigkeit) – nur dann entwickeln, wenn sie dem Grundbedürfnis *Neugierde* nachgehen können. Dazu brauchen sie eine Welt um sich herum, die Neugierde als etwas Wichtiges, Positives ansieht und die vielfältige Anreize für Neugierde bietet.

Ein bekanntes Pädagogikbuch trägt den Titel »Das Auge schläft, bis es der Geist mit einer Frage weckt«. Genau hier liegt die Aufforderung für uns Erwachsene, gemeinsam mit Kindern auf die Suche nach Antworten zu gehen, aus gefundenen Antworten neue Fragen abzuleiten, altbekannte Dinge und Gegebenheiten in Frage zu stellen, um aus neuen Erkenntnissen neue Herausforderungen herauszufiltern. Neugierde ist die Voraussetzung zum Lernen, denn wenn dieses Merkmal als Verhaltensweise missachtet, gering geschätzt oder unterdrückt wird, machen sich Langeweile und Desinteresse breit.

Die Fähigkeit des konstruktiven Handelns und Denkens« (dies gehört zur motorischen und kognitiven Schulfähigkeit) können Kinder nur dann entwickeln, wenn sie in ihrem direkten Umfeld auf Personen mit *Optimismus* treffen. Dann entwickelt sich auch ihre Fähigkeit, Wagnisse einzugehen, Aufgabenstellungen als Handlungsherausforderungen zu begreifen und Lernengagement zu zeigen. Optimistische Kinder sind davon überzeugt, dass es beispielsweise für alle Probleme eine Lösung gibt. Diese innere Haltung lässt sie Problemlösungen durchdenken und in Angriff nehmen. Pessimismus dagegen entmutigt, zieht Kindern den Boden unter den Füßen weg und führt zu starren Verhaltensweisen, was mit fortschreitenden Schuljahren zu Lernschwierigkeiten führen kann. Optimismus hat etwas mit Lebensfreude zu tun – wer sie nicht mehr spürt, wird immer stärker (s)einen Pessimismus aufbauen und ihn auf andere übertragen.

»Umgangskulturelle Werte wie Freundlichkeit, Hilfsbereitschaft, Zugewandtheit anderen Menschen gegenüber und Dankbarkeit« (sie gehören zur sozialen Schulfähigkeit) können Kinder nur dann entwickeln, wenn ihnen *Respekt* und *Achtung* entgegengebracht wird. In der Praxis erfahren Kinder leider viele Formen der Respektlosigkeit und Geringschätzung. Wen wundert es da, wenn sie erlebtes Modellverhalten imitieren!

Respekt und Achtung heißt beispielsweise, dass Erwachsene

- Kinder mit ihren Grundbedürfnissen ernst nehmen und dafür sorgen, dass sie diese befriedigt bekommen;
- Kinder als vollwertige Gesprächspartner annehmen, ihnen zuhören und ihre Vorschläge mit eigenen Ideen sorgsam abwägen;
- immer wieder die unterschiedlichen Stärken von Kindern erkennen und sich nicht in erster Linie auf ihre Schwächen fixieren;
- den Kindern ihren Entwicklungszeitraum »Kindheit« zugestehen und nicht perfekte »Kind-Erwachsene« erwarten;
- mit Kindern singen und lachen, Freude haben und mit ihnen spielen, mit ihnen auf Erkundungstouren gehen und staunen können, lebendig herumtollen und ganz aktiv an ihrem Leben und ihrer Entwicklung teilnehmen;
- Kinder als Menschen erleben, von denen auch sie noch viel lernen können;
- sich ihrer Verantwortung Kindern gegenüber bewusst sind, wenn sie ihnen das Leben geschenkt haben;
- Kinder als eigenständige Persönlichkeiten annehmen und akzeptieren;
- eigene Schwierigkeiten und Probleme nicht auf dem Rücken der Kinder austragen und diese zu stellvertretenden »Sündenböcken« machen;
- erkennen, dass Kinder ein Umfeld brauchen, in dem sie sich als »Gast dieser Welt« aufgenommen fühlen;

● den Kindern ihre Hand reichen, um gemeinsam die vielen Anforderungen des Lebens durchzustehen und zu meistern.

In der Entwicklungspsychologie geht es zunächst immer um diese 16 Grundbedürfnisse als Grundlage für die Entwicklung von Grundfähigkeiten der Kinder. Sind diese weitestgehend befriedigt, entstehen Fertigkeiten, die den Kindern helfen, sicher und kompetent, mit Selbstvertrauen und einem Grundlagenwissen den neuen Lebensabschnitt »Schule« zu begrüßen.

Sicherlich ist es hilfreich, wenn diese seelischen Grundbedürfnisse – vernetzt mit den wichtigsten Kompetenzen – noch einmal im Überblick zusammengestellt sind:*

Zeit fördert die Selbst- und Fremdwahrnehmung sowie ein vernetztes Denken.

Ruhe fördert die Wahrnehmungsdifferenzierung sowie lösungsorientiertes Handeln.

Liebe fördert zunächst die Selbstannahme sowie die Einfühlung in andere.

Vertrauen fördert den Aufbau der persönlichen Stärke sowie Leistungsbereitschaft.

Verständnis fördert das Interesse an sich selbst und dem Umfeld sowie die Öffnung für neue, unbekannte Dinge.

Sicherheit fördert die Selbstentwicklung und Sorgsamkeit.

Bewegung fördert die Selbststeuerung durch Stressabbau sowie die Konzentrationsfertigkeit und Selbstdisziplin.

---

*Die in diesem Kapitel genannten Grundbedürfnisse und die ihnen zugeordneten Fähigkeiten sind nicht voneinander isoliert, sondern interdependent, das heißt, sie ergänzen und bedingen einander. Aus Gründen der Übersichtlichkeit und Strukturierung des Themas wurde daher eine Schwerpunktsetzung vorgenommen, bei der die Interdependenzen nicht weiter ausgeführt wurden. Entsprechende Hinweise finden sich in den Büchern zur Entwicklungspsychologie, die im Literaturverzeichnis aufgeführt sind.

Intimität fördert das Gleichgewichtsempfinden von Nähe und Distanz.

Mitsprache fördert das Zuständigkeitsempfinden und die eigene Wertigkeit.

Erfahrungsräume fördern die Entdeckung und Nutzung eigener Lernpotenziale.

Gefühle zu erleben fördert die Ausgewogenheit der vier Grundgefühle Freude, Angst, Trauer und Wut beziehungsweise Ärger sowie die wechselseitige Beziehung von Emotionalität und Kognition.

Sexualität fördert eine ganzheitliche Identität im Sinne einer ganzheitlichen Annahme des Selbst.

Gewaltfreiheit fördert Engagement und Zivilcourage sowie ein angstfreies Einlassen auf Angst auslösende Situationen.

Neugierde fördert den Auf- und Ausbau einer Lernmotivation.

Optimismus fördert die Fähigkeit einer konstruktiven Aufgaben- und Problemlösung.

Respekt fördert den Auf- und Ausbau umgangskultureller Werte.

Doch:

Hektik führt zu Wahrnehmungsirritationen.

Unruhe führt zu ziellosem Verhalten.

Hass führt zur Selbst- und Fremdablehnung.

Misstrauen führt zum Erleben von Ohnmacht.

Unverständnis führt zur Abwehr von Gefühlen.

Unsicherheit führt zu Zwängen oder Oberflächlichkeit.

Bewegungsunterdrückung führt zur Anstrengungsvermeidung.

Intimitätsverluste führen zu Distanzlosigkeiten.

Mitspracheverluste führen zu Resignation oder Machtfantasien.

Eingeschränkte Erfahrungsräume führen zu Abwehrme-
chanismen.
Unterdrückung von Gefühlen führt zu Gefühlsirritationen.
Unterdrückung von Sexualität führt zu Opfer-/Tätererlebnis-
sen.
Gewalt führt zu Gegengewalt und Vorurteilsbildung.
Unterdrückung von Neugierde führt zur Abwehr allem
Neuen gegenüber und verhindert Lernen.
Pessimismus führt zur Starrheit der Personstruktur.
Geringschätzung führt zur Resignation beziehungsweise
Aggression.

Alle Verhaltensweisen bewirken im ersten Fall den Aufbau einer Schulfähigkeit und haben im zweiten Fall eine Einschränkung der Schulfähigkeit zur Folge.

Würde man nun versuchen, aus diesen 16 seelischen
Grundbedürfnissen der Kinder (auch im Hinblick auf die
Schulfähigkeit) einen roten Faden zu entwickeln, dann ergibt
sich folgendes Bild:

Kinder suchen (und brauchen) eine Umgebung, die aus der
Einheit von

- verlässlicher, intensiver Zuwendung,
- klarer Ordnung im Alltag und
- gleichzeitig großer Eigenständigkeit

zusammengesetzt ist.

Eltern, Kindergärten und Schulen, die diese Verbindung praktisch umsetzen, brauchen sich um die Schulfähigkeit der Kinder keine Sorgen zu machen, weil sie durch diese erlebte Atmosphäre Kompetenzen entwickeln, die einen Schulerfolg ga-
rantieren.

Was Spiel(en) mit Schulfähigkeit zu tun hat

Man sollte Kinder lehren,
ohne Netz auf einem Seil zu tanzen,
bei Nacht allein
unter freiem Himmel zu schlafen,
in einem Kahn
auf das offene Meer hinauszurudern.
Man sollte sie lehren,
sich Luftschlösser statt Eigenheime zu erträumen,
nirgendwo sonst
als nur im Leben selbst zu Haus zu sein
und in sich selbst Geborgenheit zu finden.

(Hans-Herbert Dreiske)

Es gibt wohl kaum einen Literaturbereich in der Pädagogik, über den schon so umfangreich publiziert wurde wie über den Schwerpunkt »Spiel«. Hunderte Veröffentlichungen stehen interessierten Leser(n)/-innen zur Verfügung und nahezu wöchentlich folgen weitere Bücher und ungezählte Fachartikel. Dabei handelt es sich sowohl um (wissenschaftliche) Fachveröffentlichungen als auch um praktische Spielebücher für Fa-

131

milien, Kindergärten, Schulen und Bereiche der Erwachsenen-bildung. Insofern kann man sagen, dass das Spiel

- ein zeitloses Thema der Pädagogik ist,
- ungezählte Wissenschaftler/-innen auffordert, sich mit die-sem besonderen Phänomen des menschlichen Ausdrucksver-haltens zu beschäftigen.

Die Wissenschaft hat sich dabei sehr unterschiedlichen Schwer-punkten zugewandt:

Ist das Spiel eine lebensnotwendige Tätigkeit aller (Klein-) Kinder?

Ist das Spiel ein nutzloses oder bedeutsames Verhalten hin-sichtlich der Entwicklung von Kindern?

Dient das Spiel als Vorbereitung aufs Leben?

Gibt es bestimmte Spielformen, die bestimmte Fähigkeiten oder Fertigkeiten in besonderem Maße auf- und ausbauen?

Zu welchen Persönlichkeitsdefiziten kann beziehungsweise wird es führen, wenn bestimmte Spielaktivitäten bei Kindern nicht zugelassen werden?

Ist es notwendig, die Spielfähigkeit eines Kindes zu unter-stützen, oder tragen Kinder (von Geburt an) einen Handlungs-impuls in sich, der sie alle Spielformen erfahren lässt?

Welche Einflüsse aus dem sozialen Umfeld haben positive beziehungsweise negative Auswirkungen im Hinblick auf das Spielverhalten von Kindern?

Gibt es einen Zusammenhang zwischen der Spielfähigkeit eines Kindes und seiner späteren Schulleistung?

Zeigen Kinder, die viel und intensiv miteinander spielen, ein besseres Sozialverhalten als Kinder, die wenig mit anderen spielen?

Welche Persönlichkeitsmerkmale werden durch das Spiel in besonderem Maße »geschult«?

Hat das Spiel direkten Einfluss auf die Entwicklung bestimmter Kompetenzen bei Kindern, Jugendlichen und Erwachsenen?

Profitieren Erwachsene in ihrem späteren Leben – beispielsweise auch im Beruf – davon, als Kinder viel gespielt zu haben?

Wie müssen Spielorte und -plätze gestaltet sein, damit Kinder ein erfülltes Spielerleben erfahren können?

Gibt es »gutes« und »problematisches« Spielzeug?

Zeigen Kinder, die ausgiebig spielen, weniger Aggressionen als Kinder, deren Spielzeit und/oder Spielmöglichkeiten eingeschränkt sind?

Sind Kinder, die viel gespielt haben, kreativer, fantasievoller und selbstständiger als Kinder, die wenig gespielt haben?

Ist es nötig, das kindliche Spiel zu lenken, oder sollte das Spiel eine »erwachsenen-freie Zone« sein?

Solche und viele weitere Fragen wurden überall auf der Welt zu Schwerpunkten wissenschaftlicher Arbeiten erklärt und führten zu Ergebnissen, die von hoher Bedeutung für Eltern, Kindergarten und Schule sind.

Andererseits erfährt das Spiel der Kinder auch häufig eine Geringschätzung, die sich beispielsweise in vielen Erwachsenenäußerungen zeigt. So fragen manche Eltern ihre Kinder beim Abholen aus dem Kindergarten: »Habt ihr heute nur gespielt oder auch was Richtiges gemacht?« Erzieher/-innen werden gefragt, ob neben dem Spielen die Kinder auch etwas gelernt hätten, denn schließlich würde der Kindergartenbeitrag hoch genug sein, um eine anspruchsvolle Förderung der Kinder erwarten zu können. Und Lehrer/-innen in den ersten Klassen, die zunächst ein »spielendes Lernen« mit Kindern realisieren, haben sich nicht selten vor Eltern zu rechtfertigen, warum die Kinder mit dem Schreiben, Lesen oder Rechnen nicht schon weiter seien. Sie werden dann von Eltern daran erinnert, dass es doch wohl einen Lehrplan mit Lernzielen gebe.

Zusammenfassend kann zunächst gesagt werden:

- Das Spiel(en) hat – trotz gegenteiliger wissenschaftlicher Erkenntnisse – in weiten Feldern der Öffentlichkeit immer noch einen sehr geringen Stellenwert.
- Das Verhältnis von Spielen und Lernen wird immer noch sehr häufig getrennt betrachtet: Hier das Spiel, dort das Lernen.

Spätestens an dieser Stelle sei daher die Frage erlaubt, warum – zu allen Zeiten – gerade das Spiel der Kinder im Hinblick auf seine Bedeutung für die Entwicklung von Kindern so stark mit Geringschätzung belegt worden ist. Dafür gibt es unterschiedliche Gründe:

Spielen wird wie selbstverständlich mit Kind-Sein in Verbindung gebracht, und Kind-Sein bedeutet für viele Erwachsene ein Stadium der Entwicklung, das keinen eigenständigen, bedeutsamen Wert in sich selbst trägt.

Kind-Sein setzen viele Erwachsene mit einer Zeit der »sozialen und intellektuellen Unreife« gleich, in der Kinder »regelrecht die Tage ihres frühen Lebens verspielen« und in der sie »in den jeweiligen Tag hineinleben«, der lediglich auf eine Art und Weise verbracht wird, wie es den Kindern eben spontan gefällt.

Aus Sicht der Erwachsenen hat häufig nur dann eine Zeit beziehungsweise eine Tätigkeit Sinn, wenn diese »sinn-voll« verbracht wird, getreu der Einschätzung, spielen könne jeder, lernen dagegen nicht.

Aufgeschreckt durch verschiedene Studien und Forschungsergebnisse, die von Zeit zu Zeit gerade in populärorientierten Zeitschriften und Zeitungen erscheinen und die »das hohe Lernpotenzial von Kindern« hervorheben, wird das alte Bild eines Trichters wiederbelebt, der schon früh an Kinderköpfe angesetzt werden sollte, um keine Zeit einer effizienten »Lernförderung« zu verpassen. Schließlich sei es kaum möglich, verpasste Lernchancen später auszugleichen. Eltern und

Erzieher/-innen, die das Beste für das Kind wollen, würde andernfalls ein schlechtes Gewissen belasten in Anbetracht der ungenutzten, verloren gegangenen Zeit.

Lernen wird vor allem als ein sichtbares Ergebnis vorheriger Arbeitsschritte eingeschätzt. So kann man die Anzahl von bearbeiteten Arbeitsblättern sehen und beurteilen, Kenntnisse – beispielsweise das Beherrschen bestimmter Vokabeln in einer Fremdsprache – überprüfen oder Werkergebnisse auf ihre Sorgfalt oder ihren Schwierigkeitsgrad hin bewerten. Anders ist es beim Spielen: Hier geht es um Prozesse, die gleichsam als eine fließende Tätigkeit geschehen und deren Lernergebnisse nicht ohne weiteres sofort sichtbar sind.

Lernen geschieht in der Einschätzung vieler Erwachsener nur dann, wenn offensichtlich gezielte Aufgaben und Angebote dem Kind unterbreitet werden. Das Spiel hingegen entsteht häufig spontan und ungeplant und wird daher weniger ernst genommen.

Erwachsene haben häufig sehr genaue Vorstellungen über den Entwicklungsweg von Kindern und es fällt ihnen teilweise außergewöhnlich schwer, die *aktuelle* Gegenwart von Kindern als einen wesentlichen, notwendigen Baustein der Entwicklung zu begreifen. Was vielmehr für sie zählt, ist die Zukunft, und dazu gehören an erster Stelle eine möglichst frühzeitige Einschulung, eine erfolgreiche Grundschulzeit, eine erfolgreiche Beendigung des Gymnasiums und ein gut bestandenes Examen im Anschluss an ein anspruchsvolles Studium.

Viele Erwachsene nehmen sich zu wenig Zeit – vielleicht liegt es auch am fehlenden Interesse –, die theoretischen Hintergründe der hohen Bedeutung des Spiels für die Entwicklung von Kindern nachzulesen, zu begreifen und diese Erkenntnisse auf die alltägliche Praxis zu übertragen. Auf der einen Seite ist dies anstrengend, vielleicht sogar mühsam, auf der anderen Seite würde dies aber auch bedeuten, sich von bisherigen »Wahrheiten« und Ansichten trennen zu müssen, verbunden mit dem

Eingeständnis, bestimmte Einschätzungen aus der Vergangenheit als »falsch« einstufen zu müssen. Dazu gehören Mut und eine große Portion Sicherheit.

Eigene Kinder wachsen nicht in einem Glashaus auf. Vielmehr ist es an der Tagesordnung, das eigene Kind und seine Stärken mit denen anderer Kinder zu vergleichen. Gerade dann, wenn andere Eltern von den positiven Eigenschaften ihrer Kinder berichten, fällt es schwer, bestimmte Schwächen der eigenen Kinder festzustellen und aus diesem Vergleich heraus einzugestehen, dass es offensichtliche Entwicklungsunterschiede gibt. Nicht selten zeigt sich eine Konkurrenz unter Müttern schon in frühester Kinderzeit: Welches Kind kann schon allein laufen, welches Kind ist möglichst früh trocken und sauber, welches Kind spricht die ersten Wörter beziehungsweise die ersten Sätze und welches Kind besucht die meisten Kinder(förder)gruppen? Wenn das eigene Kind dagegen »nur spielt« – dann ist damit in einem Entwicklungsvergleich zwischen Kindern »kein Stich zu machen«.

Selbst Fachleute, die täglich mit der Entwicklung von Kindern beschäftigt sind – beispielsweise Kinderärzt(e)/-innen –, vergleichen Kinder oft eher mit bestimmten (starren) Entwicklungsvorgaben im Hinblick auf eine »altersgemäße Entwicklung« als sich beispielsweise von den Eltern ausführlich berichten zu lassen, was ihr Kind spiele, welche Spielform es bevorzuge, welche Spielart ihm besonders viel Freude bereite oder welches Spielverhalten für das Kind von höchster Bedeutung sei.

Und schließlich steht ja die Einschulung einmal an, und da es den Kindern zu wünschen sei, einen guten Start zu haben, sei es einfach notwendig, dass sie bestimmte Fertigkeiten besitzen und auch beweisen müssten.

So haben es Erwachsene – Eltern und Erzieher/-innen – tatsächlich nicht leicht, dem Spiel(en) der Kinder die hohe Priorität beizumessen, die ihm zusteht. Und dennoch:

Das Spiel der Kinder ist keine Spielerei!

Das Spiel der Kinder ist keine sinnlose, vertane Zeit!

Das Spiel der Kinder ist eines der wichtigsten Erfahrungsfelder für Kinder!

Das Spiel der Kinder ist ein unersätzliches Entwicklungsfeld für den Aufbau von Fähigkeiten und den Ausbau von Fertigkeiten!

Nicht umsonst heißt es: Das Spiel ist der »Beruf« eines Kindes, weil es in ihm Erfahrungen über sich, sein Umfeld, die gesamte gegenständliche und natürliche Welt sowie das Zusammenleben mit anderen Menschen macht, die es sonst in dieser Qualität auf anderer Ebene nicht erfahren kann.

Schon Professor Dr. Hellmut Becker äußerte sich in einem viel beachteten Festvortrag vor der »Arbeitsgemeinschaft Spielzeug e.V.« am 19. September 1985 in Bamberg wie folgt: »Die Bedeutung des Spiels kann überhaupt nicht überschätzt werden. Wir wissen heute durch die Forschung der letzten Jahrzehnte, welche Entscheidungen im frühen Kindesalter fallen. (...) Spielen und Lernen gehören zusammen. Das Spielen kann einen Weg zum Lernen eröffnen: Wir sollten nicht Lernen und Spielen als Gegensätze begreifen.«

Noch deutlicher wurde Dr. Strathmann in seinem Referat anlässlich der Fachtagungen des »Bayerischen Landesverbandes katholischer Kindertagesstätten e.V.« am 25. April 1986 in Augsburg: »Spielen legt für viele Bereiche die hinreichende Grundlage für schulisches Lernen! Denken wir an die Entwicklung des Körperschemas und weiterer psychomotorischer Grundlagen für den Lese- und Rechenprozeß sowie überhaupt an die Entwicklung der psychischen Grundleistungen. Ohne Spiel im Vorschulalter – also im Kindergarten – ist auch der schulische Erfolg gefährdet! Dies muß auch den Eltern klar werden, die immer wieder sinnlose vorgezogene Schreibübungen oder gar erstes gezieltes Rechnen verlangen.«

Wenig später zitierte Dr. Strathmann Herrn Professor Becker: »Wir wissen heute, daß ein erfolgreiches Lernen in der Schule im hohen Maße entdeckendes Lernen ist, das heißt ein Lernen, das dem Jugendlichen die Möglichkeit gibt, das, was er wissen soll, selbst zu entdecken und nicht nur nachbetend zu akzeptieren. Gerade das entdeckende Lernen setzt aber die Spielfähigkeit voraus. Zum Entdecken gehört Neugier, und Neugier ist die Basis jeder Wissenschaft.«

Viele Wissenschaftler/-innen haben dabei immer wieder die unterschiedlichen Gründe für das Spiel der Kinder und seine wichtigsten Funktionen untersucht. Stellvertretend für viele andere seien hier nur zwei Namen genannt (weiterführende Literaturhinweise finden sich im Literaturverzeichnis): Schon Reinmar Tschirch kommt in seinem Buch *Mit Kindern leben* zu dem Schluss, dass das Spiel für Kinder lebenswichtig sei und ein Kind, das nicht spielen gelernt hat, später auch nicht arbeiten könne. Professor Hans Scheuerl vertritt in seiner Veröffentlichung *Das Spiel* eine ähnliche Einschätzung: Je konsequenter und grundständiger man die Kindheit dem Spiel bewahrt hat, umso besser werde der Erwachsene für die Arbeit des Lebens befähigt sein. Wollen also die Eltern und der Kindergarten auf das Leben, die Schule und die Arbeit vorbereiten, so müssen beide Seiten die Erkenntnisse und Überlegungen der Spielforschung mit berücksichtigen und damit das Spiel zu einem zentralen Erfahrungsfeld in der Pädagogik werden lassen.

Im Gegensatz zu August Hermann Francke (1663–1727), der das Spiel noch als eine »Eingebung des Teufels« ansah, erfuhr das Spiel im Laufe der Jahre eine immer größere Wertschätzung, sodass vor allem im Laufe der letzten 30 Jahre gerade amerikanische, englische, deutsche und israelische Forschungsergebnisse den Stellenwert des Spiels für die Entwicklung von Kindern in den Vordergrund gerückt haben. Im Spielverlauf entstehen demnach *Lernwirkungen*: Diese sind Ergebnisse von Prozessen einer Verhaltensänderung, eines besonderen Verhaltensauf-

oder -ausbaus, die während eines Spiels entstehen und daher unmittelbar mit diesem Spiel(en) in Verbindung gebracht werden müssen.

Was vielleicht manche Leser/-innen überrascht: Das Spiel(en) der Kinder ist nichts, was Kindern gewissermaßen vererbt mitgegeben wurde, sondern es muss wie jede andere Verhaltensweise auch von Kindern erlernt werden. Dazu brauchen sie Fähigkeiten, die sie durch die Befriedigung der seelischen Grundbedürfnisse erwerben und die es ihnen möglich machen, unterschiedliche Spielformen zu entdecken und im Spiel selbst aufzugreifen. Sowohl unter einer anthropologischen als auch entwicklungspsychologischen Betrachtung wird es vor allem Kindern leicht fallen, ihre Spielbereitschaft zur *Spielfähigkeit* zu entwickeln. Dies wird aber nur dann geschehen, wenn eine ansprechende Spielatmosphäre existiert, in der

- nicht eine vorbestimmte Spielnotwendigkeit, sondern eine Spielfreiheit existiert;
- sich Kinder mit ihren eigenen Bedürfnissen, Wünschen, Vorstellungen und Gefühlen einbringen dürfen und können;
- Kinder ein hohes Maß an selbst- und mitbestimmender Aktivität verwirklichen können;
- Kinder experimentieren, ausprobieren und Wagnisse eingehen dürfen und können;
- für Kinder alles ernste Wirklichkeit ist, allerdings ihre eigene Wirklichkeit Vorrang vor einer objektiven Realität haben darf (»Das ist doch ›nur‹ ein Spiel!«);
- das Spiel der Kinder zum festen Bestandteil ihres Lebens geworden ist/werden kann und damit zu ihrem Lebensalltag gehört;
- das subjektive Spielerleben von Kindern als Ernst und Freude, Anstrengung und Entspannung, Lust und Abwehr sowie Arbeit und Zweckfreiheit erlebt werden kann;

- die aktuelle Gegenwart das Spiel bestimmt und nicht eine »lernzielorientierte Zukunft« die Wertigkeit eines Spiels – eingeschätzt von Erwachsenen – bestimmt;
- es keine »Noten« für ein »richtiges« oder »falsches Spielen« gibt;
- das Spiel und eine Spielatmosphäre von Erwachsenen rundum wertgeschätzt und unterstützt werden.

Eine *spielförderliche Atmosphäre* unterstützt in Kindern den Eindruck, dass es sich *lohnt* zu spielen. Damit werden Lernwirkungen erzielt, die für viele Erwachsene auf den ersten Blick kaum oder gar nicht zu erkennen sind und dennoch eine langfristige Entwicklungsförderung auslösen und verstärken. Fasst man diese Lernwirkungen zusammen, so betreffen sie zwei Bereiche:

1. Das Spiel muss als Vorstufe und Nährboden für einen darauf aufbauenden Erwerb schulischer und beruflicher Fertigkeiten angesehen werden und ist gleichzeitig eine hervorragende Hilfe für diejenigen Kinder, die es in ihrem Lernverhalten schwerer haben als andere!
2. Das Spiel ist von entscheidender Bedeutung für die gesamte Persönlichkeitsentwicklung aller Kinder!

Insofern ist das Spiel *Bildung* und wird daher auch schon seit längerer Zeit von Wissenschaftlern fest im Bildungsbereich integriert. Schaut man sich die vielfältigen Spielformen an, überrascht es nicht, dass das Spiel ebenso vielfältige Wirkungen besitzt. Was allerdings besonders wichtig ist: Eine Spielfähigkeit – und damit eine umfassende Lernerfahrung – kann und wird sich nur dort entwickeln, wo die Vielfalt der Spielformen entdeckt, genutzt, aufgenommen, vertieft und ausgiebig erfahren wird.

Spielformen

- Entdeckungs- und Wahrnehmungsspiele
- Produktionsspiele zum Gestalten
- Geschicklichkeitsspiele
- Konstruktionsspiele
- Bauspiel
- Denkspiele
- Strategiespiele
- Bewegungsspiele
- Musikspiele
- Fingerspiele
- Handpuppenspiel
- Schattenspiel
- Theaterspiel
- darstellendes Spiel
- (Sozial-)Regelspiele
- Tisch- und Brettspiele
- Aggressionsspiele zum Austoben
- freies Spiel
- Rollenspiel
- Planspiele

Jede dieser Spielformen hat ihre ganz eigene Funktion und ihre besondere Wirkung auf das Erleben der Kinder. Sie provozieren ganz bestimmte Denk- und Aktivitätsaufgaben, mit denen sich die Kinder dann – alleine oder mit anderen – auseinander setzen. Grundsätzlich fördert jede dieser Spielformen die Wahrnehmung der eigenen Person, der eigenen Bedürfnisse und Gefühle, Vorlieben und Abneigungen sowie die Wahrnehmung der Spielmaterialien, -möglichkeiten und -partner/-innen. Diese Spielformen erfordern eine motorische Aktivität, einen ganz gezielten Körpereinsatz und bestimmte Handlungsvorgänge, aktivieren das Sprach- und Sprechverhalten, fordern Eigeninitiative und unterstützen die Entwicklung der Neugierde. Weiterhin eröffnen sie neue Handlungsabläufe und -strategien, lösen bekannte oder auch unbekannte Handlungsimpulse aus, konfrontieren mit Problemstellungen, fordern differenzierte Problembetrachtungen und -lösungsversuche. Sie belegen das eigene Tun mit erfahrbarer Wertigkeit und unterstützen Kinder dabei, sich selbst und ihr Umfeld immer besser kennen zu lernen, gedankliche und motorische Konsequenzen zu ziehen, Entscheidungen zu treffen, Alternativen abzuwägen und letztlich Handlungsvollzüge vorzunehmen, um damit auch abzuleitende Konsequenzen zu erleben.

Je nach Spielform und der besonderen Intensität eines Spiels ergeben sich damit *Lernwirkungen in sehr unterschiedlicher Qualität*. So haben Spieleforscher dokumentiert, welche Fähigkeiten und Fertigkeiten *vor allem* aktiviert werden können:

im emotionalen Bereich

- Erlernen und Erkennen von unterschiedlichen Gefühlen
- Verarbeiten von Enttäuschungen und Untersagungen
- Ertragenkönnen uneindeutiger Situationen
- Verarbeiten und Bewusstmachen von Aggressionen
- verbale Bewältigung von belastenden Gefühlen
- Belastbarkeit und Entspannung
- größere Zufriedenheit mit sich und gegebenen Situationen
- Optimismus

im sozialen Bereich

- Abbau von Vorurteilen
- Aufbau einer besseren Toleranzhaltung
- Entwicklung einer (intensiveren) Kooperationsfähigkeit

- rationales Konfliktlöseverhalten
- Verantwortungsbewusstsein
- Hilfsbereitschaft
- differenziertes Rollenverhalten bei der Gleichwertigkeit von Mädchen und Jungen
- Zuhörenkönnen bei Gesprächen
- ernsthafte Freundschaften auf- und ausbauen
- Bereitschaft, sich auf andere Personen und deren Interessen einzulassen
- Regelakzeptanz sinnvoller Regelungen
- Sensibilität bei der Wahrnehmung von Ungerechtigkeiten

im motorischen Bereich
- differenzierter Einsatz der Grob- und Feinmotorik
- visuell-motorische Koordinationsfertigkeit
- harmonische Gesamtmotorik
- gezielte Reaktionsfähigkeit
- bewusstere Kontrolle eigener Handlungsvorgänge
- Selbstinitiative

im kognitiven Bereich
- Konzentrationsfertigkeit
- Ausbau des Gedächtnisses
- Erweiterung und Differenzierung der Wahrnehmung
- kausales Denken
- Differenzierung der Sprach- und Sprechfertigkeiten
- Erweiterung des Wortschatzes
- Aufbau der Kompetenz für ein Mengen-, Farb-, Zahl- und Formenverständnis
- Erweiterung der logischen Denkfertigkeit.

Das Spielgeschehen der Kinder ist damit einer *indirekten Lernsituation* gleichzusetzen, in der die Kinder damit beschäftigt sind, ihre »brachliegenden« Kompetenzen zu aktivieren, einzusetzen und zu nutzen! Sie lernen im Spiel(en) also gerade die Fähigkeiten (einzusetzen), die auch im späteren Leben von entscheidender Bedeutung und damit notwendig sind, ein möglichst selbstständiges und autonomes Leben zu führen, Situationen im Hinblick auf Problemlösungen kompetent zu arrangieren, um selbst dazu beitragen zu können, ihre Biografie aktiv mitzugestalten. Für viele Erwachsene ist es oft erstaunlich zu erfahren, dass gerade das Spiel(en) die in Kindern vorhandenen Potenziale fördert und sie »nebenbei« die Basiskompetenzen lernen, die ihnen zum Beispiel auch für den anstehenden Schulbesuch von Vorteil sind.

Machen wir uns einmal eine sehr einfache und dennoch richtige Gleichung bewusst: Wenn Kinder durch das Spiel(en) und mit Hilfe der Spiele selbst sowohl ihre Selbst-, Sach- und Sozialkompetenzen aufbauen, erweitern und »nebenbei« so wichtige Fähigkeiten und Fertigkeiten für ihre Zukunft lernen, dann würde eine Begrenzung der Spielmöglichkeiten unweigerlich bestimmte Folgen nach sich ziehen, die einem Kind im späteren Leben – also auch in der Schule, im Beruf, im Studium – zum Nachteil werden würden. Das Spiel der Kinder unterbrechen, gering schätzen, ablehnen oder gar unterbinden hieße, Kinder in ihrer Entwicklung *aktiv* zu behindern!

Da Kinder immer stärker in einer Welt voller Reizeinwirkungen leben und immer auf der Suche sind, was genau diese Einflüsse mit ihnen selbst zu tun haben, brauchen sie die oben genannten unterschiedlichen Formen des Spiels. Sie verbinden dabei gleichsam Außenimpulse mit inneren Bedürfnissen. Kinder stellen damit eine Vernetzung zweier Welten her – die Außenwelt und ihre subjektive Innenwelt – und erleben so ein Zusammenspiel der unterschiedlichen Kräfte. Sie verinnerlichen die Außenwelt und äußern sich gleichzeitig durch ihr besonderes Spiel über ihre gefühlsbesetzte Innenwelt.

Früher wurde Eltern und Erzieher(n)/-innen empfohlen, den Kindern dabei zu helfen, ihre Spielfähigkeit *aus*zubauen.

Heute zeigen viele Untersuchungen und Beobachtungen in der Praxis, dass durch übermäßige Außeneinflüsse immer weniger Kinder spielen können. Wo aber nichts aufgebaut ist, kann auch *nichts* ausgebaut werden! Die Konsequenz für Eltern und Erzieher/-innen liegt auf der Hand: *Gerade die Spielfähigkeit als eine kindeigene Ausdrucks- und Erzählwelt sowie eine in höchstem Maße bedeutsame Lernwelt muss verstärkt aufgebaut werden.*

Nur so kann es gelingen, Kindern ihren Schatz an Ausdrucksverhalten und Lernerfahrungen nahe zu bringen, den sie für sich und ihre Lebensgestaltung brauchen. Kinder benötigen daher keine neuen Lernprogramme am Computer, sondern aktive, lebendige, reale Spielerfahrungen und Bedingungen, die ihnen ein *intensives Spiel(en)* erlauben. Sie brauchen andere Kinder und Erwachsene, die sich als aufgeschlossene Mitspieler/-innen verstehen, und vielfältige Situationen, die den Reichtum der Spielformen erlebbar machen. Nur so können sie

- Fähigkeiten aufbauen und differenzieren,
- neue Fertigkeiten erwerben und erproben,
- halb vertraute Erfahrungen festigen,
- erlernte Verhaltensweisen auf neue Situationen übertragen,
- bekannte Verhaltensweisen situationsgerecht variieren und
- als unbrauchbar, nicht hilfreich erlebte Verhaltensweisen korrigieren.

Wenn nun auf der einen Seite bekannt ist, dass Kinder – von Anfang an – dem Impuls des Spielens nachgehen wollen (und müssen), und auf der anderen Seite durch entwicklungs- und lernpsychologische Erkenntnisse bewiesen werden konnte, dass Kinder über das Spiel(en) – also aus dem Handeln – zum Denken und zu kognitiven Leistungen kommen, dann bewahrheitet sich die *Lernfolge* bei Kindern: *Spiel (Erfahrung) macht klug!* Kinder begreifen Dinge und Situationen immer aus einer Tätigkeit heraus, die für sie bedeutsam ist und die sie dann näher verstehen wollen.

Das Spiel als Handlung (erster Schritt) aktiviert die kindliche Emotionalität (zweiter Schritt): Es fühlt sich von einer Tätigkeit angesprochen oder abgestoßen, erlebt Freude oder Angst, Trauer, Wut, lässt sich dann auf eine Denkarbeit (dritter Schritt) ein, um schließlich in ein Nachdenken (vierter Schritt) zu kommen.

Bekannt ist auch, dass erst mit dem sechsten beziehungsweise siebten Lebensjahr diese »Lernfolge« eine Veränderung mit sich bringt: Aus dem Fühlen (erster Schritt) folgt die gedankliche Beschäftigung (zweiter Schritt), um dann aus einem Nachdenken (dritter Schritt) über die Situation ins Handeln oder Nicht-Handeln (vierter Schritt) zu kommen. Wie gesagt: Diese Lernfolge kann erst dem Alter der Einschulung zugeordnet werden und *nicht* den Kindern in ihrer Lebenszeit davor.

Betrachten wir darüber hinaus die oben genannten Lernmöglichkeiten, die das Spiel mit seinen unterschiedlichen Spielformen zur Verfügung stellt und die von einem spielenden Kind erfahren werden, ohne dass das Spiel dabei selbst als ein funktionsorientiertes, didaktisches Mittel verfremdet werden würde, dann ergeben sich Lernerfahrungen in allen neun Entwicklungsbereichen, die Kinder in ihren ersten Lebensjahren zur Verfügung haben (siehe Grafik Seite 147).

Wenn Spielfähigkeit die Kompetenzen umfasst, sich im weiten Feld der genannten Spielformen auszukennen und sich dort sicher zu bewegen, sowohl mit spezifischem als auch unspezifischem Spielmaterial, sich alleine und auch mit anderen Personen über einen längeren Zeitraum hinweg zu beschäftigen, dann lernen Kinder alle notwendigen Kompetenzen, die gerade auch für einen erfolgreichen Schulbesuch notwendig sind. Nur: Dieses *indirekte Lernen* wird weder vom Kind bewusst – wenn auch willentlich(!) – angestrebt, noch kann es durch andere Lernformen wie zum Beispiel vorgezogene »Schulförderung«, Arbeitsblätter

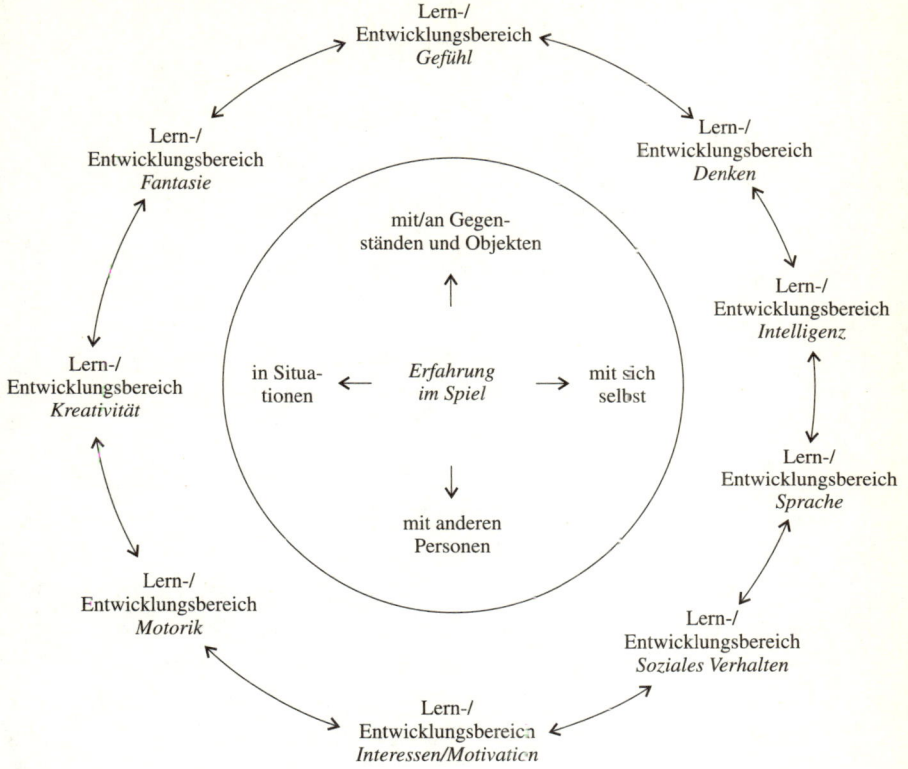

usw. ersetzt werden. Gerade wichtige kognitive Lernprozesse geschehen in Spielsituationen, die *nicht* auf die Förderung eines kognitiven Lernens beziehungsweise im Hinblick auf kognitive Lernziele ausgerichtet sind!

Vergleicht man nun die Lernwirkungen des Spielens in ihrer ganzen Vielfalt (vgl. Seite 142 f.) mit den aktuellen Merkmalen der Schulfähigkeitsaspekte, dann fallen deutliche Übereinstimmungen auf! Insofern ist die Aussage abgesichert, dass eine vorhandene Spielfähigkeit als Grundlage für eine Schulfähigkeit dienen kann und diese beiden Fähigkeitsbereiche auf das Engste miteinander verknüpft sind.

Bildlich dargestellt ergibt sich eine Parallelentwicklung:

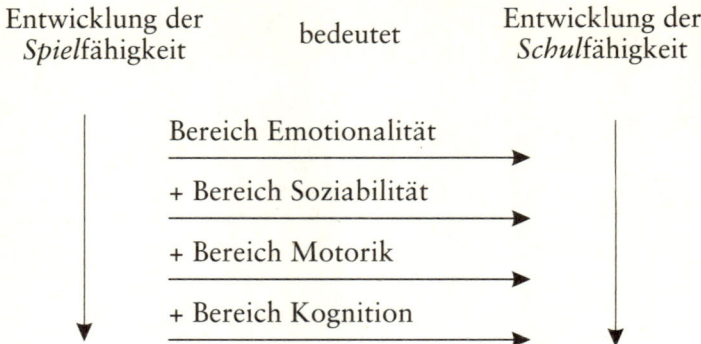

Entwicklung der
*Spiel*fähigkeit
bedeutet
Entwicklung der
*Schul*fähigkeit

Bereich Emotionalität

+ Bereich Soziabilität

+ Bereich Motorik

+ Bereich Kognition

Eine eingeschränkte Spielfähigkeit hat demnach auch eine eingeschränkte Schulfähigkeit zur Folge:

Ergebnisse der Spielforschung tragen der Bedeutung des Spiels auch dadurch Rechnung, dass Einigkeit darüber herrscht, dass Kinder in den ersten sechs Jahren ihres Lebens ca. 15 000 Stunden spielen. Das bedeutet: Ein Kind verbringt etwa ein Drittel des Tages – also rund acht Stunden – mit Spiel. Da wir in der Praxis immer mehr beobachten können, dass das Kinderspiel durch unterschiedliche Maßnahmen, Lebensbedingungen und Situationen eingeschränkt wird, ist es nicht verwunderlich, dass viele Kinder entsprechende Verhaltensirritationen zeigen und in den Grundschulunterricht mit hineinbringen. Spielen bedeutet, sich mit der Umwelt lustvoll, neugierig, interessiert und aufmerksam zu beschäftigen, unbekannte Dinge bekannt machen zu wollen, Ereignisse zu gestalten, zu sehen, ihnen zuzuhören, sie zu riechen und zu schmecken, etwas zu greifen und festzuhalten, zu betrachten und zu staunen.

Eine Betrachtung vieler Biografien bekannter Personen zeigt immer wieder: Sie haben ihre Schulzeiten mehr oder weniger erfolgreich bestritten und waren oftmals nur »mäßig begabte« Schüler/-innen. Doch eines ist auffällig und scheint ein roter Faden im Leben dieser Menschen zu sein: Sie waren zeitlebens neugierig und interessiert an besonderen Schwerpunkten und Lebensaufgaben. Neugierde braucht Nahrung – und diese bietet in vielfältigster Form das *Spiel*.

Wenn – wie oben erwähnt – immer weniger Kinder eine Spielfähigkeit besitzen und das Spiel selbst von immer mehr Kindern *erlernt* werden muss, dann sind es besonders in den ersten Lebensjahren bestimmte Bedingungen, die den Kindern beim Auf- und Ausbau ihrer Spielfähigkeit helfen. Die wesentlichen Faktoren sollen daher kurz und prägnant auf den Punkt gebracht werden:

- Kinder brauchen vor allem in jungen Jahren einen vertrauten Menschen in ihrer Nähe, wenn sie sich dem Spielerlebnis hingeben.
- Kinder brauchen sehr viel Platz für ihr Spiel – das kann auch über den Raum des eigenen Kinderzimmers hinausgehen!
- Der Spielort sollte vielfältige Möglichkeiten bieten, in spannende und interessante Spieltätigkeiten einzutauchen.
- Spielergebnisse sind in der Regel keine einmaligen Spielhandlungen, die kurzfristig und spontan entstehen. Deshalb muss den Kindern die Möglichkeit gegeben werden, Spielgegenstände und -ergebnisse auch einmal stehen zu lassen, um am nächsten Tag die begonnene Spielhandlung fortzusetzen.
- Da spiel- und damit auch lernaktive Kinder ca. acht Stunden pro Tag spielen, sollten Erwachsene versuchen, ihnen diese Zeit möglichst störungsfrei zur Verfügung zu stellen. Spielunterbrechungen lassen das Spiel mit der Zeit immer unattraktiver werden, weil der Spielreiz dadurch kontinuierlich abnimmt.
- Kinder brauchen für ihr Spiel auch Spielzeug! Allerdings können sich Kinder bei zu vielen Spielsachen oftmals nicht entscheiden, welches Spielzeug zu dieser Zeit genutzt werden

soll. »Weniger ist häufig mehr« sagt ein altes und zutreffendes Sprichwort. Große Mengen an Spielsachen lassen Kinder – verständlicherweise – oberflächlich im Umgang mit den Dingen werden und lenken sie von der konzentrierten Ausrichtung auf ganz bestimmte Spielgegenstände ab.

- Kinder wollen sich häufig mit ihren Spieltätigkeiten und ganz bestimmten Spielgegenständen »satt spielen«. So können sie viele Stunden bei ein und derselben Spielhandlung bleiben, ohne dass ihnen langweilig wird. Viele Erwachsene neigen dazu, Kinder mit immer neuen Spielimpulsen zu konfrontieren. Doch Kinder haben ihren *eigenen* Spielrhythmus und ihr eigenes Spieltempo!

- Kinder wollen und müssen im Spiel die Möglichkeit haben, Spielvorgänge und -handlungen *selbst* auszuprobieren. Sie versuchen sich und ihre Tätigkeit in immer neue Beziehungen zu setzen und angenehme Spielrituale beständig zu wiederholen. Das Spiel bedeutet: Neues entdecken und Altes staunend immer wieder bestätigt zu finden. Die Ungeduld mancher Erwachsener zeigt sich dann in der Form, dass sie aktiv eingreifen, angeblich gut gemeinte Hilfestellungen oder Ratschläge geben oder Hinweise für das Kind parat haben. Das führt nicht selten zu einem Widerstand der Kinder und zu einer Unlust, die sich dann im Spielabbruch offenbart.

- Bei den meisten Spielformen gibt es kein »richtig« oder »falsch«! In den Augen der Erwachsenen ist das zwar häufig so, Kinder fühlen aber anders, denken anders und handeln gerne anders, als es die Sicht eines Erwachsenen vorgibt. Aus diesem Grunde ist eine Spielkritik oder ein Verbessern der Spielabläufe für Kinder kaum hilfreich. Eine Spielzufriedenheit soll es auf Seiten des Kindes, nicht des Erwachsenen geben.

- Da Spiel(en) für Kinder mit Anstrengungen verbunden ist im Sinne der Aussage »Das Spiel ist der Beruf des Kindes«, versuchen die Kinder, auch Erwachsene für ihre Spielaktivität zu interessieren und zu begeistern. Kinder haben den Wunsch, dass auch andere ihr Können bewundern beziehungsweise sie »ihr eigenes Werk« vorstellen und erklären können. Dazu brauchen sie Erwachsene, die ihnen Zeit und Aufmerksamkeit schenken.

- So gerne viele Kinder mit ihren Altersgenossen gemeinsam eine Spielzeit verbringen, so gerne genießen sie es auch, allein zu spielen. Es muss bei weitem nicht immer ein buntes Kindertreiben im Hause sein. Jedes Kind sucht gerade bei Reizüberflutungen die Ruhe, einen Rückzugsraum, in dem es spielversunken seinen Gedanken, Gefühlen und Erfahrungen nachgehen kann.

- Jungen und Mädchen bevorzugen aufgrund ihrer erlebten Entwicklungsbegleitung (Sozialisation) häufig sehr geschlechtsspezifische Spiele und Spielsachen. Dabei ist es dennoch wichtig, dass Erwachsene diese Geschlechtsspezifität nicht zu sehr fördern beziehungsweise keine Wertungen vornehmen: Was spricht dagegen, dass Jungen auch mit Puppen spielen oder Mädchen technische Geräte auseinander nehmen? Gerade das Spiel kann dazu beitragen, aus traditionellen Rollenklischees herauszufinden: nicht als dogmatischer Zwang, sondern als eine weitere Spiel*möglichkeit*.

- Spielräume werden von Kindern gern angenommen, wenn sie
  - sie gestalten und verändern können,
  - im Außenbereich Möglichkeiten zum Klettern, Balancieren, Bauen, Schaukeln, Hüpfen, Gestalten, Konstruieren und Demontieren vorfinden,
  - im Außenbereich mit den Elementen Erde, Wasser, Feuer und Luft – je nach Alter und Gefährlichkeit – hantieren können,
  - Risiken – in überschaubarer Vielfalt – wagen und eingehen können,

- ihnen nicht in künstlich hergestellten Welten, sondern draußen in der Natur geboten werden,
- große Freiflächen für aktive Bewegungsspiele ebenso zur Verfügung haben wie Rückzugs- und Versteckmöglichkeiten,
- Steine, Stöcke, Äste und Baumstücke, Bretter, Reifen, Kies und Schotter, große und kleine Kartons, Getränkekisten, Lehm und größere Wände zum Bemalen vorfinden;
- Tücher, Decken, Laken, Wäscheseile und -klammern, Kleidungsstücke und Hüte/Mützen etc. für Rollenspiele nutzen können.

Manche dieser Spielräume können nur im Kindergarten und nicht im Elternhaus erfahren werden. Umso wichtiger ist es, dass sich Elternhaus und Kindergarten an dieser Stelle ergänzen!

Spielen als eine aktive Lernleistung vollzieht sich immer in der Kommunikation mit Spielsachen: Ein »spielzeugfreies Kinderzimmer« beziehungsweise ein »spielzeugfreier Kindergarten« ist daher eine äußerst fragwürdige Angelegenheit, weil Kinder in ihrer Erlebniswelt auf eine reale Gegenstandswelt angewiesen sind. Selbst gefertigte Spielmittel *und* vorgefertigte Spielsachen (Arztkoffer, Bürosachen, Kisten, Kästen, Bauernhof mit Tieren, Autos, Boote, Baumaschinen, Dosen, [ausrangierte] technische Geräte, Tapetenrollen, Schubkarren, Bälle, Spielhäuser, Roller, Trecker, Bollerwagen ...) müssen sich ergänzen! Andernfalls werden Kinder zu Versuchskaninchen degradiert und wichtige, lebensnotwendige Spielformen würden ihnen vorenthalten bleiben.

Was viele Eltern zur Schulfähigkeit und Einschulung wissen wollen

Der Weg mag weit und hindernisreich sein.
Das ist aber kein Grund, nicht aufzubrechen.
Auch lange Wege
beginnen mit den ersten Schritten.
Sie beginnen, wo die eigenen Füße stehen.

(Peter Rohner)

Im Verlauf vieler Vorträge zum Themenschwerpunkt Schulfähigkeit beziehungsweise Einschulung haben Eltern die Möglichkeit genutzt, Fragen an den Referenten – identisch mit dem Autor dieses Buches – zu stellen. Aus der Fülle dieser Fragen lassen sich unterschiedliche Sorgen und Ängste erkennen. Aus diesem Grunde sollen an dieser Stelle die häufigsten Fragen aufgenommen und in Kürze beantwortet werden.

Besteht bei Kindern, die in der Zeit vor ihrem Schulbesuch außergewöhnlich viel spielen, nicht die Gefahr, dass sie auch noch als Schüler verspielt sind und verspielt bleiben?

Nein. Kinder, die im Kindergartenalter sehr intensiv, mit viel Konzentration und einer hohen Ausdauer spielen, können ihre Konzentrationsfertigkeit und ihren ausdauernden Aktivitätseinsatz in den allermeisten Fällen ohne Schwierigkeiten auf die Anforderungen in der Grundschule – also auf ein kognitives Lernen – übertragen. Wer konzentriert und ausdauernd seine Spielzeit selbstständig ausgefüllt hat, bringt genau diese Merkmale in die Arbeitshaltung ein.

Unser Kind spielt sehr wenig. Vielmehr sitzt es täglich über längere Zeit am Computer und kann schon Arbeitsaufgaben erledigen, die für Grundschüler gedacht sind. Ist es nicht ausreichend, vielleicht sogar vorteilhaft, wenn unser Kind statt der Spielzeit solche Arbeitsaufgaben löst?

Nein. In der Praxis zeigt sich immer wieder, dass Kinder, die täglich über längere Zeit am Computer sitzen und solche kognitiv ausgerichteten Arbeitsaufgaben lösen, den vielfältigen Real-Erfahrungen von Spielen – in der Aktivität mit sich und in der Auseinandersetzung mit anderen Kindern – aus dem Wege gehen. Sie suchen sich daher den für sie besten Weg, sozialen und gefühlsorientierten Handlungserfahrungen zu entgehen. Und das ist für den Aufbau einer umfassenden Schulfähigkeit in keiner Weise hilfreich. Hier werden – wie so häufig – die Begriffe »Begabung« und »Schulfähigkeit« leider gleichgesetzt.

Warum ist es eigentlich so wichtig, dass Kinder eine gefühlsorientierte und soziale Schulfähigkeit haben? Wieso reicht es nicht aus, dass sie vor allem mit einer vorhandenen Begabung eingeschult werden?

Wenn wir uns einige Begriffe aus der emotionalen Schulfähigkeit anschauen, dann stoßen wir auf solche wichtigen Verhaltensweisen wie Belastbarkeit, Anstrengungsbereitschaft, Optimismus oder Angstfreiheit. Stellen wir uns einmal vor, ein Kind ist mit schwierigen Aufgaben in der Schule – bei Klassenarbeiten oder Tests – konfrontiert und stößt dabei an seine Grenzen: Ohne diese Verhaltensweisen gibt ein Kind dann schnell auf, glaubt, diese Anforderungen nicht erfüllen zu können, und resigniert umso schneller. Ähnliches geschieht in der sozialen Kompetenz, wenn es beispielsweise um Zuhören geht, um die Respektierung von Regeln oder um ein angemessenes Konfliktlöseverhalten. Kinder, die in diesem Bereich Schwierigkeiten haben, stören häufig sich und andere, überschreiten Regelabsprachen oder lösen Konflikte beispielsweise durch Gewalt oder ihren persönlichen Rückzug. Solche Kinder geraten schnell in Außenseiterpositionen, werden von anderen Kindern gemieden und geärgert und zeigen in der Folge recht häufig auch einen zunehmenden Leistungsabfall in ihren Fächern.

Unser Kind verlangt, obwohl es noch in den Kindergarten geht, regelrecht nach diesen Vorschulblättern. Wir setzen uns dann auch mehrmals in der Woche mit unserer Tochter hin und üben mit ihr. Wir haben nicht den Eindruck, dass sie das als Druck erlebt. Ist das schlimm beziehungsweise was ist daran auszusetzen, wenn unsere Tochter so lernbegierig ist?

Kinder wollen häufig aus sehr unterschiedlichen Gründen so genannte Vorschulblätter bearbeiten. Zum einen ist dieser Wunsch bei den Kindern zu beobachten, die einen älteren Bruder oder eine ältere Schwester in der Schule haben und gerade vor der Einschulung ihren Geschwistern näher kommen. Zum anderen fällt auf, dass Kinder gerne vorgezogene schulische Aufgaben erledigen wollen, wenn ihnen im Kindergarten langweilig ist und sie sich daher etwas suchen, was sie auf andere Art fordert. Schließlich zeigen Beobachtungen, dass Kinder sich dann gerne mit solchen kognitiven Arbeitsblättern beschäftigen, wenn sie merken, dass Eltern ihnen bei dieser Tätigkeit eine hohe Aufmerksamkeit schenken – vor allem im Unterschied zu ihren Spielaktivitäten. Viele Kinder haben den Wunsch, dass ihre Eltern stolz auf sie sein sollen.

Die Beantwortung der Frage ergibt sich also aus dem Rückschluss der neu gestellten Fragen:

● Ist es ein Nachahmen der älteren Geschwister, und wenn ja, hat das Kind vielleicht den Eindruck, dass es so, wie es als Kindergartenkind ist, nicht wirklich ernst genommen und respektiert wird?

● Liegt es vielleicht tatsächlich daran, dass die Themenschwerpunkte und Projekte im Kindergarten uninteressant, ohne Spannung und zäh verlaufen, dann würde sich die Aufgabe ergeben, dass der Kindergarten seine didaktisch-methodische Arbeit kritisch überprüft und eine wirklich lebendige, attraktive, motivierende und bewegte Pädagogik beginnt!

● Und schließlich kann es eine Gegenreaktion des Kindes sein, wenn Eltern beispielsweise dem Spiel des Kindes keine Aufmerksamkeit schenken, vielleicht sogar das Spiel ablehnen und vor allem dann positive Gefühle zeigen, wenn das Kind kognitiv ausgerichtete Aufgaben erfüllt. Damit stellt sich die Frage: Liegt es gegebenenfalls an der unterschiedlichen Reaktionsweise der Eltern?

Auch wenn ein äußerer Druck nicht erkennbar ist, kann ein innerer, vom Kind selbst erlebter Druck zu diesem Verlangen des Kindes führen. Eine Lernbereitschaft von Kindern ist immer positiv zu sehen – allerdings ist ein Lernen dann besonders effektiv, wenn Kinder in lebenspraktischen Tätigkeiten mit *allen* Sinnen neue Lernerfahrungen machen. Vorschulblätter sind dagegen immer nur ein kleiner Lernausschnitt und damit nicht lernausreichend.

Wir können bei unserem Kind – wenn wir ehrlich sind – so manche Lernschwierigkeiten feststellen. Auch die Erzieherin im Kindergarten meinte bei einem Gespräch, dass unser Sohn noch viele Merkmale einer notwendigen Schulfähigkeit nicht besitze. So haben wir überlegt, ob wir nicht den Antrag auf eine spätere Einschulung (im nächsten Jahr) stellen sollen. Auf der anderen Seite hat unser Sohn aber den großen Wunsch, schon in diesem Jahr eingeschult zu werden. Sollten wir daher nicht dem Bedürfnis unseres Kindes nachkommen?

Nein! Kinder sind nicht in der Lage, eine solch weitreichende Entscheidung zu treffen und zu überblicken. Sosehr der Wunsch des Kindes auch verständlich sein mag, sosehr muss bei einer Einschulung der fachliche Aspekt im Vordergrund stehen. Und dafür gibt es Merkmale, die mit Kriterien einer Schulfähigkeit inhaltlich gefüllt sind.

Auch wir sind uns unsicher, ob wir unsere Tochter schon in diesem Jahr einschulen sollen oder nicht. Vom Alter her ist sie schulpflichtig, doch die Untersuchung ergab, dass ihre Schulfähigkeit stark eingeschränkt ist. Nun hat uns der Rektor der Grundschule vorgeschlagen, unsere Tochter zunächst einmal probeweise einzuschulen. Innerhalb des ersten Halbjahres könne man dann sehen, ob sie den Anforderungen nachkommen kann oder nicht. Gegebenenfalls bestünde dann jederzeit die Möglichkeit, sie wieder auszuschulen und in einem Schulkindergarten unterzubringen. Wäre das eine Lösung?

Nein! Viele Untersuchungen und Beobachtungen haben immer wieder ergeben, dass gerade der Zeitpunkt der Einschulung von größter Bedeutung für die Schullaufbahn-Entwicklung eines Kindes ist. Eine Ausschulung bedeutet für ein Kind immer einen Misserfolg! Dazu kommt, dass viele Kinder aus Gründen der Einschränkung im sozialen oder gefühlsorientierten Bereich eine eingeschränkte Schulfähigkeit aufweisen.

Und nun stellen wir uns einmal vor, was das gegebenenfalls für das Kind bedeuten würde: Abschied aus dem Kindergarten von vielen Kindern, eine neue Kontaktaufnahme mit Kindern in der 1. Klasse, dann ein erneuter Kontaktabbruch, eine weitere neue Kontaktaufnahme mit den Kindern im Schulkindergarten, ein weiterer Kontaktabbruch nach einem halben Jahr und letztlich eine erneute Kontaktaufnahme mit der neuen 1. Klasse – und dies alles innerhalb von ca. sechs bis acht Monaten! Dadurch wird ein Kind irritiert und findet nicht die Sicherheit, die notwendig ist, sich auf Lerninhalte konzentriert einzulassen.

Unser Kind ist gerade fünf Jahre alt geworden, und wir als Eltern überlegen, ob wir unser Kind auf Antrag hin nicht schon jetzt einschulen lassen. Wir stellen deshalb unsere Überlegungen in diese Richtung an, weil unser Sohn sehr wissbegierig und intelligent ist. Wir glauben sicher, dass er die Einschulung ohne Schwierigkeiten meistern wird.

Schulfähigkeit umfasst – wie erwähnt – die vier großen Bereiche Emotionalität, soziale Kompetenz, Motorik und Kognition (= Denkfähigkeit und Wissen). Wenn die überwiegenden Kriterien dieser allumfassenden Schulfähigkeit erfüllt sind, haben Eltern die Möglichkeit, einen solchen Antrag zu stellen. Allerdings haben Untersuchungen gezeigt, dass zwar viele Kinder – dem ersten Anschein nach – die Zeit der Einschulung, der 1. und 2. Klasse ohne größere Schwierigkeiten schaffen, dann aber nicht selten zum Ende der Grundschulzeit und vor allem in der so genannten Orientierungsstufe Schwierigkeiten bekommen. Letzteres ist vor allem auch die Phase der (Vor-)Pubertät, in der Kinder zusätzlich mit eigenen körperlich-seelischen Irritationen zu tun haben. Wichtig ist also bei dieser grundsätzlichen Entscheidung, kurzfristige Einschätzungen und mittelfristige Entwicklungen miteinander in Beziehung zu setzen und eine solch wichtige Entscheidung nicht nur von gegenwärtigen Überlegungen abhängig zu machen.

Unser Kind hat über drei Jahre den Kindergarten besucht und wir als Eltern waren beziehungsweise sind recht zufrieden mit der Arbeit. Unser Kind hat sich gut entwickelt und freut sich auf die Schule. Nun steht die Einschulungsuntersuchung an und wir sind darüber erstaunt, dass bei dieser Untersuchung von Seiten der Grundschule und des Schularztes kein Kontakt zum Kindergarten aufgenommen wird, um etwas über die zurückliegende Entwicklung unseres Kindes zu erfahren beziehungsweise die Einschätzung der Schulfähigkeit vom Kindergarten in Erfahrung zu bringen. Sollten Grundschule und Schularzt einen solchen Kontakt nicht suchen?

Doch, in jedem Fall! Die pädagogischen Fachkräfte im Kindergarten konnten sich einen qualifizierten Überblick über die Entwicklung jedes Kindes machen und kennen auch in den allermeisten Fällen die Kriterien einer aktuellen Schulfähigkeit. Sie hatten und haben die Möglichkeit, langfristige Beobachtungen auszuwerten und eine abgesicherte Beurteilung abzugeben. Es ist nach wie vor – gerade im Interesse der einzelnen Kinder – wünschenswert und notwendig, Erzieher/-innen mit in diese wichtige Entscheidung einzubeziehen. Gleichzeitig ist aber zu beachten, dass Eltern dem Kindergarten eine »Schweigepflichtsentbindung« unterschreiben, um auch die rechtliche Seite einer Auskunft zu beachten.

Der Übergang eines Kindes aus dem Kindergarten zur Grundschule ist sowohl mit dem Wort »Austritt« als auch »Eintritt« charakterisiert. In unserem Ort ist es so, dass die Grundschule vielfältigste Anforderungen an den Kindergarten stellt, was an Schulvorbereitung im Vorwege gemacht werden soll. Das lehnen wir als Eltern und der Kindergarten ab. Hat nicht auch die Schule die Anforderung an sich selbst zu stellen, den Übergang so zu gestalten, dass er den Kindern und der Arbeit des Kindergartens entgegenkommt?

Ja. Ein Übergang kann – bildlich gesprochen – mit einem Brückenbau verglichen werden. Bekanntermaßen fangen Brückenbauer sowohl auf der einen Seite als auch auf der anderen Seite mit der Arbeit an! Wenn dann noch die Kinder selbst als Mitkonstrukteure einbezogen werden, ist es umso besser. Wenn die Schule beispielsweise vieles, was den Kindern aus ihrer Kindergartenzeit bekannt ist, und ebenfalls Vertrautes aus ihrem Leben aufgreift und weiterentwickelt, steht ein gelungener Brückenbau so gut wie fest. Gerade der Anfangsunterricht sollte mit vielen lebendigen Spielelementen und gleichzeitigen Möglichkeiten von Lernerfahrungen verknüpft werden. Aus diesem Grunde gibt es in vielen Bundesländern kultusministerielle und schulbezogene Überlegungen, wie die Schulpädagogik – zumindest im ersten Schuljahr – verstärkt eine sozialpädagogische Aufgabe hat und wie diese gestaltet werden kann.

Ich wende mich nun als Schularzt an sie. Auf der einen Seite ist es nachvollziehbar, wie Schulfähigkeit seit längerer Zeit definiert ist. Auf der anderen Seite habe ich pro Kind maximal 15 Minuten für eine Schulfähigkeitsuntersuchung Zeit. Können Sie mir sagen, wie es möglich ist, in dieser kurzen Zeitspanne eine aussagekräftige, wissenschaftlich haltbare Aussage über die individuelle Schulfähigkeit der Kinder zu treffen?

In einer solch kurzen Zeit, die jedem Kind gewidmet wird, ist grundsätzlich keine auch nur annähernd objektive Aussage zur Schulfähigkeit möglich. Hier sind schulärztlich-organisatorische Änderungen dringend nötig, um nicht Strukturprobleme zu Problemen der Kinder zu machen, was landauf, landab seit Jahren geschieht.

Ist es richtig, dass es wissenschaftliche Erkenntnisse darüber gibt, dass später eingeschulte Kinder – es wurde von Siebenjährigen gesprochen – im Vergleich mit früher eingeschulten Jungen und Mädchen deutlich weniger »Schulversager« ausmachen?

Ja! Es ist bekannt, dass viele Kinder gerade zwischen dem sechsten und siebten Lebensjahr häufig große Entwicklungsschritte machen. Wenn sie diese Zeit dazu nutzen können, ihre bisherigen Fähigkeiten zu stabilisieren, dann gehen sie gestärkt und stabiler in die neue Entwicklungszeit »Schule«. Ein auf den ersten Blick »verlorenes Jahr« ist oftmals ein »gewonnenes Jahr«. Wenn es zudem um die Effizienz einer Gesamtschulzeit geht, müssen Überlegungen angestellt werden, die nicht darauf hinauslaufen, die Schulzeit nach vorne zu verlagern, sondern zum Ende der Schule die Zeit gegebenenfalls zu kürzen.

Ist es nicht gerade durch die PISA-Studie, in der die Leistungen von 15-jährigen Schülerinnen und Schülern in 32 Staaten verglichen wurden und Deutschland dabei sehr schlecht abgeschnitten hat, bewiesen, dass das Bildungsniveau in Deutschland dringend angehoben werden muss und der Kindergarten mit unseren Kindern viel früher gezielt lernen muss?

Nein! Wer die PISA-Studie aufmerksam und vollständig gelesen hat, ist dabei auf so genannte wichtige Schlüsselqualifikationen, die vielen Kindern – auch in Deutschland – fehlen, gestoßen. Darunter fallen solche Begriffe wie Lernfreude, Lerninteresse, Lernmotivation, Lerneifer, Lernanstrengung. Es geht daher in erster Linie *nicht* um ein möglichst frühes Aneignen von Wissen, sondern um die *Voraussetzungen* für ein qualitätsgeprägtes Lernen. Bildung umfasst eine allseitige, ganzheitliche Entwicklungsunterstützung der Kinder, eine Persönlichkeitsbildung, in der beispielsweise selbstständiges Lernen, entdeckendes und neugierdebesetztes Lernen im Vordergrund stehen. Der Kindergarten und das Elternhaus haben dafür zu sorgen, dass Kinder das Lernen lernen! Kinder brauchen ein Fundament, um schulisches Lernen als eine persönliche Herausforderung begreifen zu können.

In unserer Stadt werden die Schuleingangsuntersuchungen immer noch in der Form durchgeführt, wie wir sie selbst als Kinder erlebt haben. Kinder müssen Männchen malen, zählen können und ihren Namen schreiben. Nun haben wir gehört, dass ein solches Vorgehen völlig veraltet ist. Was können wir als Eltern tun, um uns dagegen zu wehren?

Indem möglichst viele Eltern mit ihren aktuellen Informationen persönlich ein Gespräch mit den Schulrektor(en)/-innen, Schulärzt(en)/-innen und Lehrer(n)/-innen suchen und immer wieder auf die Veränderungen der Einschätzung von Schulfähigkeit hinweisen. Es ist zwar unüblich, dass hier Eltern (und Erzieher/-innen) diese Aufgabe zu übernehmen haben, aber die Praxis hat gezeigt, dass es häufig anders leider nicht geht.

Wenn mit unseren Kindern so genannte Schulreifetests gemacht werden und wir als Eltern oder der Kindergarten eine andere, gegensätzliche Einschätzung der Schulfähigkeit haben, was können wir denn dagegen sagen? Schließlich sind solche Testverfahren doch richtig!

Testergebnisse – und das zeigen wiederholte Überprüfungen – haben ein ungewöhnlich hohes Fehlerrisiko. Zu viele Einflüsse spielen bei der Beantwortung von Fragen oder der Lösung von Aufgaben eine Rolle. Beispielsweise kann ein Kind vor der Testperson Angst haben und deshalb nicht die Aufgabe lösen. Oder das Kind hat schlecht geschlafen und ist noch müde, hat Ärger mit seinen Geschwistern oder Freunden gehabt und ist dadurch gedanklich-emotional abgelenkt. Oder es ist krank – wenn auch nicht erkennbar – und kann sich nicht in vollem Maße auf die Aufgabenstellung konzentrieren. Nach wie vor besteht bei uns eine sehr hohe »Testgläubigkeit« – in einigen deutschen Bundesländern wird aus der Kenntnis dieser und anderer Gründe deshalb auch auf Testverfahren bewusst und konsequent verzichtet.

Bei unserem Kind wurde eine Hochbegabung festgestellt. Müssen wir uns als Eltern dennoch Gedanken um die Einschulung machen?

Ja! Es gibt viele Kinder, die trotz ihrer Hochbegabung in der Schule versagen. Das hat sehr unterschiedliche Gründe. Vor allem aber zeigen hoch begabte Kinder häufig emotionale

Schwierigkeiten: Sie sind sehr sensibel, haben extrem hohe Leistungsansprüche an sich selbst und für sie bricht dann eine Welt zusammen, wenn sie nicht ständig die Besten sind. Neben einer sicherlich interessanten Kindergarten- und Schulwelt – was aber für alle Kinder notwendig ist – brauchen sie daher vor allem ein Umfeld, das sie emotional stärkt und sicherer macht. Das Drama des begabten Kindes liegt in seiner subjektiv erlebten kognitiven Unterforderung und in seiner emotionalen Überforderung. Hier gilt es, *beiden* Aspekten gerecht zu werden.

Schlusswort

Nun haben Sie als Leser/-in einen – hoffentlich – umfangreichen, praktischen und lebendigen Eindruck erhalten, was sich hinter dem Begriff »Schulfähigkeit« verbirgt. Es mag sein, dass Sie in einigen Ansichten und Einschätzungen bestärkt wurden, in anderen Sichtweisen vielleicht Widersprüche erfahren haben. Dabei ist jede Bestätigung angenehm und jeder Widerspruch kann dazu führen, eine neue, bisher unbekannte Einschätzung sorgsam in Betracht zu ziehen.

Entscheidend ist bei allen Überlegungen, was das Beste für ein Kind ist, damit es einen möglichst reibungslosen Weg durch die Schulzeit gehen kann. Und gerade hier kommt dem richtigen Einschulungszeitpunkt, der hilfreichen Entwicklungsbegleitung vor dem Schulbeginn und der kindorientierten Gestaltung der ersten Grundschuljahre ganz besondere Bedeutung zu.

Für viele Kinder (und deren Eltern) ist die Schulzeit mit sehr viel Unruhe, Aufregung, Ärger und Enttäuschungen verbunden. Dabei können solche Gefühle und Eindrücke bei der Beachtung einiger wesentlicher Merkmale, die in diesem Buch beschrieben wurden, verringert – sicherlich nicht ausgeschlossen – werden. Wenn das der Fall ist, hätte das Buch viel erreicht.

In diesem Sinne wünsche ich Ihnen eine möglichst gute

Zeit. Ein Rückblick auf meine eigene Schulzeit lässt gute, aber auch schlechte Erinnerungen wach werden. Entscheidend war und ist jedoch immer, eines nicht zu vergessen: Neben der Schule muss auch noch das Leben stattfinden. Wenn innerhalb und außerhalb der Schulzeit ein lebendiges Leben möglich ist, dann haben Eltern, Kindergarten und Schule ihren aktiven Beitrag dazu geleistet, dass die Schulpflicht zu einem Lernrecht verändert und als solches erfahren werden kann.

Literaturverzeichnis

Entwicklungspsychologische Grundlagenliteratur

Astington, J.W.: *Wie Kinder das Denken entdecken,* München 2000

Bowly, J.: *Frühe Bindung und kindliche Entwicklung,* München, 4. Aufl. 2001

Gardner, H.: *Der ungeschulte Kopf. Wie Kinder denken,* Stuttgart, 4. Aufl. 2001

Kagan, J.: *Die Natur des Kindes,* Weinheim 2001

Keller, H. (Hrsg.): *Handbuch der Kleinkindforschung,* Bern, 2. Aufl. 1997

Keller, H. (Hrsg.): *Lehrbuch Entwicklungspsychologie,* Bern 1998

Lewis, R.: *Leben heißt Staunen. Von der imaginativen Kraft der Kindheit,* Weinheim 1999

Mietzel, G.: *Wege in die Entwicklungspsychologie. Kindheit und Jugend,* Weinheim, 4., vollst. überarb. Aufl. 2002

Mogel, H.: *Geborgenheit. Psychologie eines Lebensgefühls,* Berlin 1995

Oerter, R. u. Montada, L. (Hrsg.): *Entwicklungspsychologie. Ein Lehrbuch,* Weinheim, 5. Aufl. 2002

Rossmann, P.: *Einführung in die Entwicklungspsychologie des Kindes- und Jugendalters,* Bern, 2. Nachdr. 1999

Bücher zum Übergang Kindergarten – Grundschule, zur Schule und Schulfähigkeit

Barth, K.H.: »Erzieherinnen beurteilen Kinder auf ihre Schulfähigkeit. Ein Plädoyer zur Verbesserung der Schulreifediagnostik«, in: *Kindergarten heute*, 2/1992

Bellenberg, G.: *Individuelle Schullaufbahnen. Eine empirische Untersuchung über Bildungsverläufe von der Einschulung bis zum Abschluss*, Weinheim 1999

Bellenberg, G.: »Schulrechtsänderungsgesetz in Nordrhein-Westfalen: Neue Chancen für Schulanfänger?«, in: *KiTa aktuell NW*, 1/2000

Berger, M.: »Aller Schulanfang ist schwer«, in: *Kindergarten heute*, 2/1986

Berger, M.: »Schulreife-Anfrage an einen fragwürdigen Begriff«, in: *Wehrfritz Wissenschaftlicher Dienst*, 32–33/1986

Bock, U.: »Das störungsfreie Kind?« In: *Welt des Kindes*, 4/1995

Bronfenbrenner, U.: *Wie wirksam ist kompensatorische Erziehung?* Stuttgart 1988

Bründel, H. u. Hurrelmann, K.: *Gewalt macht Schule. Wie gehen wir mit aggressiven Kindern um?* München 1994

Der Bundesminister für Bildung und Wissenschaft: *Begabte Kinder finden und fördern*, Bonn, 3. Aufl. 1991

Deutscher Bildungsrat (Hrsg.): *Die Eingangsstufe des Primarbereichs*, Band 2/1 »Spielen und Gestalten«, Stuttgart 1975

Esch, K.H.: »Wege zur sozialen Schulreife«, in: *Wehrfritz Wissenschaftlicher Dienst*, 46–47/1990

Faust-Siehl, G. u.a.: *Die Zukunft beginnt in der Grundschule. Empfehlungen zur Neugestaltung der Primarstufe*, Reinbek 2002

Frech-Becker, C.: *Fördern heißt fordern. Über die Verantwortung der Eltern für den Schulerfolg*, Frankfurt/M. 1995

Goleman, D.: *EQ. Emotionale Intelligenz*, München 1997

Gottman, J.: *Kinder brauchen emotionale Intelligenz. Ein Praxisbuch für Eltern*, München 1998

Hacker, H.: *Vom Kindergarten zur Grundschule. Theorie und Praxis eines kindgerechten Übergangs*, Bad Heilbrunn, 2., erw. u. aktualis. Aufl. 1998

Heller, K.A. (Hrsg.): *Begabtendiagnostik in der Schul- und Erziehungsberatung,* Bern 1991

Heller, K.A. (Hrsg.): *Hochbegabung im Kindes- und Jugendalter,* Göttingen, 2., überarb. u. erw. Aufl. 2001

Helmke, A.: »Die Entwicklung der Lernfreude vom Kindergarten bis zur 5. Klassenstufe«, in: *Zeitschrift für Pädagogische Psychologie,* 7/1993

Helmke, A.: *Selbstvertrauen und schulische Leistungen,* Göttingen 1992

Hielscher, H.: *Spielen macht Schule,* Heidelberg 1981

Hössi, A.: »Misslungener Start in die Schule. Zur Situation des Übergangs«, in: *Welt des Kindes,* 4/1995

Hopf, A.: »Vom Freispiel zur Freiarbeit kommen«, in: *Kinderzeit,* 4/1995

Huber, A.: *Stichwort Emotionale Intelligenz,* München 1996

Kamenz, P. u. Klapproth, J.: »Wirkungen eines Intelligenztrainings mit leistungsschwachen Vorschulkindern«, in: *Psychologie in Erziehung und Unterricht,* 31/1984

Klein, G.: »Kinder schulfähig machen? Zur Diskussion um einen erfolgreichen Schulanfang«, in: *Kindergarten heute,* 1/1999

Krenz, A.: »Kinder spielen sich ins Leben. Der Zusammenhang von Spiel- und Schulfähigkeit«, in: *Wehrfritz Wissenschaftlicher Dienst,* 75/2001

Krenz, A.: »Schule ist (k)ein Kinderspiel – Die Sorge der Eltern um ihre Kinder oder: Was ist eigentlich Schulfähigkeit?«, in: *mobile,* 2/1996

Krenz, A.: »Spielen und Lernen. Zusammenhänge zwischen Spielfähigkeit und Schulfähigkeit bei Kindern im Kindergartenalter«, in: *Kindergarten heute,* 1/1989

Krenz, A.: »Spiel- und Schulfähigkeit. Zusammenhänge, Bedeutung, Konsequenzen. Ergebnisse aus spielpädagogischen Forschungen, die in der Praxis zu berücksichtigen sind«, in: *Wehrfritz Wissenschaftlicher Dienst,* 41–42/1989

Krenz, A. u. Rönnau, H.: *Entwicklung und Lernen im Kindergarten,* Freiburg, 7. Aufl. 1997

Kühn, R.: »Welche Vorhersage des Schulerfolgs ermöglichen Intelligenztests? Eine Analyse gebräuchlicher Verfahren«, in:

Hörn, R. u.a. (Hrsg.): *Tests und Trends. 6. Jahrbuch der Pädagogischen Diagnostik,* München 1987

Lauster, U. u. P.: *Der Schulreifetest. Spielerisch fördern ohne Leistungsdruck,* München 1987

Mader, J.: *Schulkindergarten und Zurückstellung. Zur Bedeutung schulisch-ökologischer Bedingungen bei der Einschulung,* Münster/New York 1989

MAGS NRW: *Modellversuch 1970–1975: Abschlußbericht. Informationen für jeden,* Nr. 12, Düsseldorf 1977

Ministerium für Frauen, Bildung, Weiterbildung und Sport des Landes Schleswig-Holstein (Hrsg.): »Schwerpunktthema: Grundschulen müssen Einschulungspraxis überprüfen«, in: *Schule aktuell – Beilagen des Nachrichtenblattes,* Kiel 1994

Mönks, F.J. u. Ypenburg, J.H.: *Unser Kind ist hochbegabt. Ein Leitfaden für Eltern und Lehrer,* München, 3. Aufl. 2000

Müller-Lissner, A.: *Nestwärme – Erziehung mit EQ. Wie Sie mit liebevoller Erziehung die emotionale Intelligenz Ihres Kindes fördern,* Weyarn 1999

Naumann, S.: »Was heißt hier schulfähig? Übergang in Schule und Hort«, in: Zimmer, J. (Hrsg.): *Praxisreihe Situationsansatz,* Ravensburg 1998

Nickel, H.: »Schulreife und Schulversagen. Ein öko-psychologischer Erklärungsansatz und seine praktischen Konsequenzen«, in: *Psychologie in Erziehung und Unterricht,* 28/1981

Nußbaum, M.: »Alles dreht sich um die Schule«, in: *Leben & Erziehen,* 9/1988

Portmann, R.: »Schulfähig sind ja alle – Sind Schulen auch kinderfähig?« In: *Welt des Kindes,* 4/1995

Portmann, R.: »Schulreifetests: Warum sie nicht halten, was sie versprechen«, in: *Theorie und Praxis der Sozialpädagogik,* 1/1991

Schiefele, U. u.a.: »Metaanalyse des Zusammenhangs von Interesse und schulischer Leistung«, in: *Zeitschrift für Entwicklungspsychologie und Pädagogische Psychologie,* 25/1993

Schleswig-Holsteinischer Landtag: »Zurückstellung von der Schulpflicht«, § 42 Abs. 3 SchulG (Drucksache 13/955 vom 19. 04. 1993), Kiel 1993

Schmidt, H.-D.: »Zum Problem der Zeitperspektive vorschulischer Bildungsplanung«, in: Ministerium für Bildung, Jugend und Sport des Landes Brandenburg (Hrsg.): *Der Übergang von der Kindertagesstätte in die Grundschule*, Potsdam 1995

Singer, K.: *Wenn Schule krank macht ... Wie macht sie gesund und lernbereit?* Weinheim 2000

Singer, K.: *Die Würde des Schülers ist antastbar. Vom Alltag in unseren Schulen – und wie wir ihn verändern können*, Reinbek 1999

Singerhoff, L.: *Starke Kinder. Wie Eltern emotionale und soziale Intelligenz fördern*, Reinbek 1999

Speichert, H.: »Angst als Ursache von Schulversagen«, in: *Theorie und Praxis der Sozialpädagogik*, 1/1991

Stemme, F.: *Die Entdeckung der emotionalen Intelligenz. Über die Macht unserer Gefühle*, München 1997

Stranz, G.: »Schulreife Kinder – Kinderreife Schule?«, in: *KiTa aktuell NW*, 1/2000

Thüringer Sozialakademie Jena (Hrsg.): *Was heißt hier schulfähig? Der Übergang vom Kindergarten zu Grundschule und Hort*, Tagungsbericht, Jena 1999

Verlinden, M.: »Einschulung, Elternwunsch und Kindeswohl«, in: *KiTa aktuell NW*, 1/2000

Weber, E.: »Reif für die Schule«, in: *Kinderzeit*, 2/1998

Weitzenbürger, G.: »Früher in die Schule gehen. Erfahrungen mit Modellversuchen zur Änderung des Einschulungsalters an Grundschulen«, in: *Der Tagesspiegel* vom 10. August 1998

Wilke, B.: »Reif für die Schule«, in: *Kinderzeit*, 2/1998

Winkels, Th.: »Der aktuelle Dialog: Kindergarten und Schulanfang«, in: *Wehrfritz Wissenschaftlicher Dienst*, 32–33/1986

Witzlack, G.: *Zur Diagnostik und Entwicklung der Schulfähigkeit*, Berlin 1968

Zimmer, E.: »Kindgerechter Schulanfang«, in: *Wehrfritz Wissenschaftlicher Dienst*, 26–27/1984

Spiel(en) als Lernfaktor

Auerbach, S.: *SQ – Spielerische Intelligenz. Mit welchem Spielzeug Kinder in welchem Alter am besten spielen – und welches sie am meisten fördert*, München 2001

Chateau, J.: *Das Spiel des Kindes. Natur und Disziplin des Spielens nach dem dritten Lebensjahr*, Paderborn 1969

Einsiedler, W.: *Das Spiel der Kinder. Zur Pädagogik und Psychologie des Kinderspiels*, Bad Heilbrunn, 3. Aufl. 1999

Fritz, J.: *Theorie und Pädagogik des Spiels. Eine praxisorientierte Einführung*, Weinheim, 2. Aufl. 1993

Heimlich, U.: *Einführung in die Spielpädagogik. Eine Orientierungshilfe für sozial-, schul- und heilpädagogische Arbeitsfelder*, Bad Heilbrunn, 2., überarb. u. erw. Aufl. 2001

Kluge, N.: *Spielen und Erfahren. Der Zusammenhang von Spielerlebnis und Lernprozeß*, Bad Heilbrunn 1981

Krauss, J.: »Das Spiel des Kindes«, in: *Kinderzeit*, 1/1999

Lorenz, G.: »Wozu soll Spielen für Kinder gut sein?« In: *Kindergarten heute*, 4/1983

Möllemann, J.W.: »Den Wert des Spiels immer wieder betonen«, in: *Spielmittel aktuell*, 4/1987

Mogel, H.: *Psychologie des Kinderspiels. Die Bedeutung des Spiels als Lebensform des Kindes, seine Funktion und Wirksamkeit für die kindliche Entwicklung*, Berlin, 2. Aufl. 1994

Oerter, R.: *Psychologie des Spiels. Ein handlungstheoretischer Ansatz*, Weinheim 1999

Retter, H. (Hrsg.): *Kinderspiel und Kindheit in Ost und West. Spielförderung, Spielforschung und Spielorganisation in einzelnen Praxisfeldern – unter besonderer Berücksichtigung des Kindergartens*, Bad Heilbrunn 1991

Roth, W.: »Spielerische Grundhaltung fördern. Kultur- und Persönlichkeitsentwicklung im Spiel«, in: *Spielmittel aktuell*, 1/1988

Sander, A.: »Überblick über spezielle Entwicklungshilfen. Bereiche: Spiel/Motivation«, Unterrichtsmaterialien der Fernuniversität Hagen, FB Sonderpädagogik, Hagen 1984

Scheuerl, H.: »Spiel ist keine Spielerei. Grundsätzliche Bemerkungen über ein zeitloses Thema der Pädagogik«, in: *Welt des Kindes*, September 1985

Scheuerl, H. (Hrsg.): *Das Spiel. Untersuchungen über sein Wesen, seine pädagogischen Möglichkeiten und Grenzen*, Weinheim, 12. Aufl. 1994

Tschirch, Reinmar: *Mit Kindern leben. Erziehung in Elternhaus, Kindergarten und Schule*, Gütersloh 1984